KB262761

4.0시대의 조직인간

4.0시대의 조직인간

4.0시대의 조직인간

초판 1쇄 인쇄 2012년 2월 10일

초판 1쇄 발행 2012년 2월 20일

—

지은이 강응구

펴낸이 이방원

편집 김명희 · 안효희 · 조환열 · 강윤경

디자인 박선옥 · 손경화

마케팅 최성수

—

펴낸곳 세창미디어

출판신고 1998년 1월 12일 제300–1998–3호

주소 120–050 서울시 서대문구 냉천동 182 냉천빌딩 4층

전화 02–723–8660

팩스 02–720–4579

이메일 sc1992@empal.com

홈페이지 http://www.scpc.co.krr

—

ISBN 978–89–5586–141–9 03320

이 도서의 국립중앙도서관 출판시도서목록(CIP)은 e–CIP 홈페이지(http://www.nl.go.kr/ecip)에서 이용하실 수 있습니다. (CIP제어번호: CIP2012000591)

4.0시대의 조직인간

강응구 지음

세창미디어

책을 내면서

———

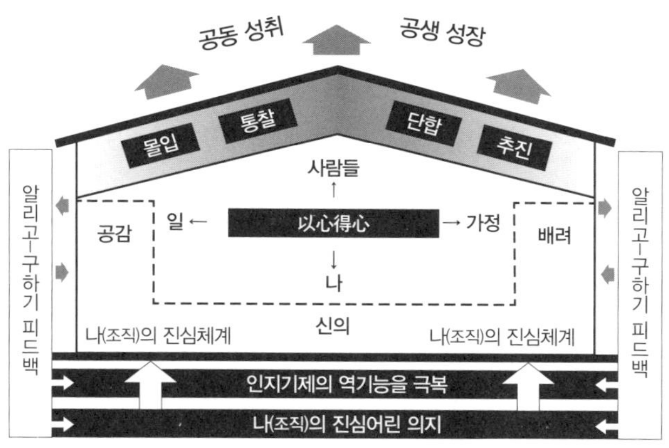

진심체계도

지금 전 세계적으로 '4.0 자본주의'라는 사회경제개념이 경제사회활동의 주요 가치로 자리 잡아 가고 있습니다.

4.0 자본주의는 간단히 말해서 '다 같이 행복하게 성장하자'는 공생·발전의 가치를 추구하는 경제이념이라고 할 수 있습니다.

1.0 자본주의 시대에는 경제 주체들에게 약육강식적인 경

제활동의 자유를 허용함으로써 승자독식의 폐해를 낳았습니다.

2.0 자본주의 시대에는 그 승자독식의 폐해를 개선하기 위해 경제주체들에게 정부의 통제가 가미된 수정된 자유를 허용했으나 역설적으로 과도한 정부의 통제로 정부권력의 남용을 가져왔습니다.

3.0 자본주의 시대에는 경제주체들의 경제윤리를 담보로 다시 정부의 불간섭에 의한 자유를 허용했으나 경제주체들이 그 자유를 남용함으로써 부의 편중과 금융체계의 붕괴와 같은 경제체제의 위기를 가져왔습니다.

4.0 자본주의는 이 모든 폐해를 극복하기 위해 생성된 사회경제 이념입니다.

왜 다 같이 행복하게 성장하자고 그러는 걸까요? 간단히 말해 강자건 약자건 간에 이제는 서로 돕고 살지 않으면 그 강자와 약자를 둘러싸고 있는 사회 및 경제체제가 붕괴될 위험에 처해 있기 때문입니다. 배의 어느 한쪽에 하중이 몰리면 그 배가 뒤집히듯이 강자에게만 힘이 쏠리는 사회경제체제는 그간 드러나지 않던 힘의 결집에 의해 뒤집혀지기 때문입니다. 역사를 통틀어 모든 민중혁명이 이를 말해주고 있습니다.

저는 이처럼 4.0 자본주의의 '다 같이 행복하게 성장하자'
라는 측면에서 개인이나 조직의 이런저런 성취와 성장 사
례들을 관찰하였고 그 결과 그 성취와 성장에 기여한 한 가
지 큰 줄기를 파악하였습니다.

그 성취와 성장에는 개인의 우수한 지적 능력도 한몫을
하였지만 무엇보다도 가장 큰 역할을 한 것은 다른 사람
들의 입장을 해석하고 그 이면에 자리 잡은 마음을 읽어
서 그들을 열정과 단합의 장소로 집중시키는 남다른 대인
관리 능력이었습니다. 그들은 4.0 자본주의 시대에 걸맞은
4.0(공생형) 인간이었던 겁니다.

그런데 다른 한편으로는 아주 많은 사람들이 우수한 지
적 능력을 갖고 있으면서도 다른 사람들의 마음을 얻는 데
실패해서 궁극에 가서는 자신이 원하는 바를 얻지 못해 좌
절을 겪는 걸 보고, 그 사람들은 왜 다른 사람들의 마음을
읽는 데 실패하는 것일까?, 무엇이 그들의 생각을 다른 사
람 쪽으로 돌리게 하는 데 장애를 일으키고 있을까? 왜 그
들은 아직도 2.0 또는 3.0 인간 상태에 머물러 있는 것일까?
이런 면에 관심이 갔습니다.

단순히 이기적이라든지 자기중심적이라든지 개인주의적
이라든지 하는 어떤 개인적인 특질보다는 어떤 원인이 작

용하여 그런 생각을 못하는가?, 그리고 개개인의 특성에서 문제를 보기보다는 그런 사람들에게 공통적으로 적용되는 그 무엇이 있지 않을까? 이런 면에 주목하게 된 것입니다.

두드리는 자에게 문이 열린다더니 그 방면으로 여러 정보와 자료들을 수집, 분석, 종합하여 연구해보니 거기에는 일정한 형태의 심리 또는 인지기제가 작용하고 있었고 이러한 인지기제가 여러 사람들에게 공통적으로 작용하고 있음을 확인할 수 있었습니다.

(인지기제란 현재에 일어난 사건이나 현상이라는 사실을 자신만의 추론 과정을 통해서 그 사실에 대해 어떤 판정을 내리는 생각의 프로세스입니다. 보다 상세한 내용은 후술하는 '인지기제의 정의'에서 설명이 됩니다.)

이러한 인지기제는 나름대로 여러 가지 순기능을 하는 장점도 있는 반면에 부작용도 심각하다 할 정도로 큽니다. 왜냐하면 자신의 마음을 다른 사람들 쪽으로 돌리지 못하고 그래서 다른 사람들의 마음을 자신 쪽으로 돌리지 못하는 사람들은 한결같이 이러한 인지기제의 부작용으로 인하여 자신이 도모하는 협력적인 일에서 실패를 하거나 목적하는 바를 완전히 이루지 못했기 때문입니다.

막연히 공감하고 배려하자는 주장보다는 자신의 행위에

영향을 끼치고 있는 인지기제가 사람들에게 일반적으로 나타나는 보편적인 현상임을 이해하면 나에게만 국한된 고질적인 문제가 아닌가 하는 자신만의 열등적인 진단에서 벗어날 수가 있습니다. 이렇게 되면 보다 여유 있는 마음과 침착한 자세로 자신의 마음을 들여다볼 수 있습니다.

여유와 침착에 의한 자신의 내면세계 관찰은 자신이 갖고 있는 인지기제의 부작용을 객관적이며 개방적인 입장에서 분석하게 해줌으로써 그 부작용의 영향으로부터 벗어날 수 있는 첩경을 제공해줍니다.

그렇습니다. 우리 개인과 조직은 우선 자신의 내면을 찬찬히 들여다보아야 합니다. 이런저런 먹고사는 일에 매몰되다시피 또는 쫓기다시피 살아온 우리는 진정 나의 기본은 무엇인지를 살펴볼 기회가 드물었습니다. 내가 어떤 인지기제로 인하여 나와 생각이 다른 사람들에 대해 어떻게, 왜 마음을 닫고 지내왔는가를 분석할 여유가 없었습니다. 내가 다른 사람들의 마음을 사는 데 있어서 진정 필요한 것이 무엇인가를 심려원대하게 생각할 기회가 거의 없었습니다.

그저 하루하루 생활하는 데, 그저 한달 한달 목표를 달성하는 데 힘을 쏟다보니 수신(修身)의 측면에서, 나의 기본 또는 조직의 기본은 무엇이고 그 기본을 어떻게 일상의 생활에서 일관되게, 지속적으로 살아 숨 쉬게 할 것인가를 생각할 겨를이 없었습니다.

나아가 제인(齊人)의 측면에서, 내가 갖고 있는 인지기제의 벽을 뛰어넘어 장기적으로 다른 사람들의 마음을 사기 위해서 나의 기본과 그 사람들과의 관계를 어떻게 설정해나가야 할 것인가를 또한 생각해볼 겨를이 없었습니다.

이제 4.0 사회경제주의 시대에 우리는 3.0 인간형(자기중심형)에서 4.0 인간형(공생형)으로 가야 합니다. 그렇지 않으면 낙오되고 맙니다. 이러한 방향에서 찾아낸 방법이 저의 진심체계입니다.

이 진심체계는 조직의 구성원으로서 활동하는 사람들을 주 대상으로 하여 만들어졌습니다. 아울러 개인들의 모임의 연장선이 조직 또는 집단이라는 측면에서 이 진심체계는 능히 그 역할을 다할 수 있다는 판단 하에 조직에서도 활용할 수 있도록 만들어졌습니다.

나와 나 이외의 사람과 그리고 다른 조직과의 관계에서 신의는 역사와 현대를 통틀어 가장 중요한 덕목입니다. 신의는 개인-대-개인의 범위를 넘어서서 개인-대-조직, 조직-대-조직, 조직-대-사람들 등으로 확대되어 예나 지금이나 크나큰 순기능을 발휘하고 있기 때문입니다.

이 신의에서 중요한 점은 내가 진지함을 갖춘 참마음, 즉 진심을 담는 것에서 출발해야 하는 사실입니다. 따라서 본 책의 주 목적은

(1) 수신과 제인의 복합 측면에서 진심과 신의와 공감과 배려를 유기적으로 연결하는 나 자신(조직)의 진심을 체계화(규범화)하고

(2) 그 체계를 바탕으로 내(조직)가 갖고 있는 인지기제(집단인지기제)의 역기능, 즉 구획화, 칸막이, 편가르기 사고를 극복함으로써

(3) 나와 다른 사람들 또는 내 조직과 다른 조직이 열정과 단합으로 보다 큰 성취와 보다 큰 성장을 이룩해서

(4) 보다 많은 사람들과 조직이 공동 성취에 의한 공생 성장을 이룩할 수 있도록 탄탄한 받침돌을 제공하는 데 있음을 밝힙니다.

·· 차례 ··

1. 우리의 마음을 닫게 만드는 인지기제들

1-1. 인지기제에 대한 정의 · 19

1-2. 범주-맥락 만들기 · 21

1-3. 연상기억-유명도 끄집어내기 · 36

1-4. 닻내리기 · 44

1-5. 확인편향 · 50

1-6. 자기과신 · 57

1-7. 손실혐오-현상유지 · 65

1-8. 틀짜기 · 73

1-9. 인지기제들 간의 상호작용 · 78

2. 사실을 자기 입맛대로 해석하는 인지기제

2-1. 인지기제의 추론작용 · 81

2-2. 인지기제의 역기능 · 84

　가. 의미 · 84

　나. 사례1: 2003년 우주탐사선 컬럼비아호 폭발사건 · 88

　다. 사례2: 일본 대지진 구호활동의 지연 · 92

라. 사례3: 네 명의 경관이 저지른 살인사건 ·94

마. 사례4: 보이스 피싱 사기 ·98

2-3. 인지기제의 역기능이 미치는 사회현상: 슈퍼밈(super-meme) ·101

3. 인지기제의 역기능을 극복하는 길

3-1. 1단계: 진심과 알리고-구하기 피드백의 힘을 이해한다 ·107

가. 진심에 대한 정의 ·110

나. 진심이 갖는 힘 ·117

사례1: 서울대 융합과학기술원장 안철수 교수 ·117

사례2: 광복 독립군 김준엽 전 고려대 총장 ·120

사례3: 윤호일 남극 대장의 정직-균형감각-사람냄새 리더십 ·122

다. '알리고-구하기' 피드백에 대한 정의 ·125

라. '알리고-구하기' 피드백이 갖는 힘 ·129

사례1: DELL의 성공 ·133

사례2: 마가렛 대처 전 수상의 성공과 실패 ·135

사례3: 한국 기업체 간부의 성공과 실패 ·137

3-2. 2단계: 내 마음속의 인지기제를 고찰한다 ·144

가. 나를 평가한다 ·144

나. 나의 인지기제에 대한 종합적 고찰 ·147

3-3. 3단계: 나의 진심을 체계화한다 ·149

가. 제갈공명의 담박영정과 진심체계 ·149

나. 진심-신의-공감-배려 체계와 자신-일-가정-사람들 체계의 네트워크 ·152

다. 진심을 체계화하는 구체적 방법 ·155

(1) '구하기' 피드백을 통한 나의 맹점지역 파악 ·156

(2) 인지기제 고찰 결과와 성찰을 통한 나의 기본 파악 ·156

(3) 나의 배우고 일하는 방식 파악 ·156

(4) 나에 대한 총괄 관찰 ·157

(5) 나의 진심체계 예비 정립 ·157

(6) '알리기' 피드백을 통한 진심체계 확정 ·158

(7) 지속 실천 방법 ·158

4. 진심체계의 조직 내 활용

4-1. 진심체계가 조직에서 필요한 이유 ·163

가. 그 당위성: 자기조직화 ·163

나. 사례1: 전설적인 풋볼 감독 '보 스켐베클러' ·168

다. 사례2: 최대 최고의 리더십 세종대왕 ·170

라. 사례3: 사우스웨스트의 탁월한 CEO 허브 켈러허 ·173

마. 사례4: 현지화는 진심을 담는 것이라는 중국의 이랜드 사장 최종양 ·176

바. 사례5: FedEx의 People-Service-Profit라는 신의에 의한 공정철학 ·178

4-2. 진심체계를 조직 안에 정착시키는 길 ·180

가. 변자타변 變自他變 (나를 바꿔 상대방을 바꾼다) ·180

나. 집단의 신의수준 평가표가 갖는 의미 (수신편과 제인편 각 7 항목) ·182

다. 집단내부의 진심체계를 정립하는 길 ·184

사례1: 집단-내-공통 관계에서의 공동목표 ·187

사례2: 개인-대-개인 관계에서의 개인목표 · 189

사례3: 진심체계 정착을 위한 기타 행동목표에 관한 예제들 · 190

5. 실습 (worksheets): 파트 1

5-1. 나의 의사결정 자세에 대한 평가 · 197

5-2. 나의 대화 진행 자세에 대한 평가 · 200

5-3. 피드백(개선권고)에 대한 나의 대응 자세 평가 · 204

5-4. 나의 공감&배려 자세에 대한 평가 · 207

6. 실습 (worksheets): 파트 2

6-1. 구하기 피드백을 통한 나의 맹점지역 파악 · 215

6-2. 인지기제 고찰 결과와 성찰을 통한 나의 기본 파악 · 217

6-3. 나의 배우고 일하는 방식 파악 · 219

6-4. 나 자신에 대한 총괄 관찰 · 223

6-5. 나의 진심체계 예비 정립 · 224

참고자료 목록 · 227

1

우리의 마음을 닫게 만드는 인지기제들

인지기제에 대한 정의

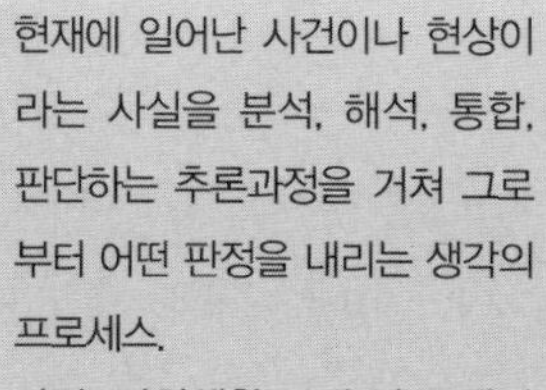

- 현재에 일어난 사건이나 현상이라는 사실을 분석, 해석, 통합, 판단하는 추론과정을 거쳐 그로부터 어떤 판정을 내리는 생각의 프로세스.
- 가정, 사회생활, 소속된 문화와 가치체계로부터 경험하고 배운 내용들이 축적되어 나름대로의 맥락을 따라 조직화되고 구조화됨.
- 말과 행동의 근간임.

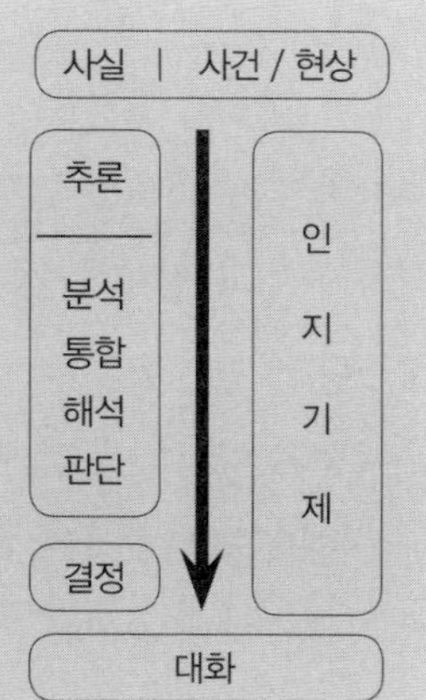

우리는 우리의 외부에서 일어나는 사건이나 상황에 대하여 어떤 틀에 구속됨이 없이 자유롭게 지각하고 판단하고 추리한다고 생각하고 있을지 모릅니다. 그러나 우리 주변에서 일어나고 있는 상황, 사건들에 대해 우리가 인지하는

과정을 좀 더 세밀하게 살펴보면 우리는 우리가 모르는 사이에 그 어떤 고정화된 틀과 프로세스에 따라 인식하고 이해하고 판단하고 주장함을 알게 됩니다.

우리의 정신작용만큼은 그 어떤 것으로부터 구속 받지 않는 자유를 누린다고 우리는 말하지만 사실은 놀랍게도 그 자유가 우리 스스로가 만들어 낸 나름대로의 정형화된 프로세스와 틀에 구속되는 자유인 것입니다.

틀은 특정한 영역을 구획하고 프로세스는 일정한 과정을 구축하는 성질이 있는 까닭에 우리의 생각도 그에 따라 구획화가 되고 정형화가 됩니다. 막힘없이 자유롭게 흐르지 않는다는 뜻이죠. 이러한 구획화와 정형화는 어쩔 수 없이 순기능과 역기능을 갖게 되는데 본 책에서는 주로 역기능에 대해 살펴보고 어떻게 그 역기능을 극복할 것인가에 대해 알아보고자 합니다.

범주-맥락 만들기
(Category-Pattern Heuristics)

예문(1)은 미국의 29대 대통령 워렌 G. 하딩을 묘사한
글입니다. 말콤 글래드웰의 탐구력이 빛나는 '블링크'에 의

하면 하딩 대통령은 미국의 최악의 대통령들 중의 한 사람입니다.

지적 수준도 높지 않고 포커 게임, 골프, 술을 즐겼으며 여자들을 쫓아다녔습니다. 게다가 정책 현안에 대해서도 자신만의 뚜렷한 의견도 없고 이쪽저쪽 눈치나 보면서 모호한 입장을 견지한 아주 형편없는 대통령이었습니다.

그런데 어찌하여 그러한 사람이 대통령이 될 수 있었을까요? 바로 외모입니다. 그 외모에 끌려 사람들은 그가 훌륭한 대통령 감이라고 오인하였습니다. 건장한 체격과 준수한 외모로 인해 매우 많은 사람들이 그를 대통령직을 훌륭하게 수행할 수 있는 리더로 생각했다는 말입니다.

그러니까 사람들은 준수한 외모와 건장한 체격이라는 외적인 틀, 즉 외모와 체격이라는 하나의 범주를 만들어 놓고 그 범주에 용케도 딱 들어맞는 그를 대통령 감으로 생각한 것입니다.

우리가 판단의 도구로 활용하는 여러 가지 상황과 사태에 관한 범주화는 단지 이러한 외모에 국한되지 않더군요. 좀 더 살펴보겠습니다.

(2)

"클래식 음악의 세계, 특히 유럽 본 고장은 극히 최근까지도 백인 남자들의 영역이었다. 여자는 남자만큼 연주할 수 없다는 믿음이 지배했다. 힘도 약하고 자세도 안 되어 있고, 특정 악기를 다룰 수 있는 탄력도 부족하다고 생각했다. 입술도 다르고 폐도 튼튼하지 못하며 손도 더 작았다.

심사위원회와 지원자들 사이에 장막이 드리워지면서 클래식 음악계는 혁명을 겪는다. 지난 30년 사이 장막이 일상화되면서 미국 최고 수준의 오케스트라에 여자 단원 수가 다섯 배나 늘었다."

예문(2)에서 보다시피 클래식 음악계는 남성 지배적인 사회였고, 따라서 남성들은 여성의 힘이 약하다는 점을 구실로 삼아 여성을 아예 클래식 음악을 할 수 없다고 여기고 여성의 클래식 음악계 진출을 막았다는 것입니다.

이는 무슨 뜻이겠습니까? 여성은 '약한 존재'라는 하나의 범주, 즉 여성은 전반적으로 체력이나 정신적 자세가 모두 남성에 비해 열악하다는 범주를 만들어 놓고 모든 여성을 그 범주에 밀어 넣은 겁니다. 여성은 체격, 체력의 여건 때문에 클래식 음악을 남성처럼 뛰어나게 잘할 수 없다는 인식의 범주를 만들어 놓았던 것이죠.

그런데 우연한 기회에 '아비 코난트'라는 여성 클래식 음악가를 남성으로 오인한 뮌헨 필하모니 오케스트라가 코난트에게 장막 오디션의 기회를 줍니다. 아비 코난트는 월등한 실력으로 거기서 1등을 합니다. 장막 오디션이란 33명의 지원자들 중 한 명이 오케스트라 단원의 아들이었기 때문에 모든 지원자들에게 공정한 심사를 하기 위해서 지원자들의 얼굴을 알아볼 수 없도록 장막 뒤에서 연주하게 한 것을 말합니다.

순수 실력만으로 그 우열을 가리는 장막 오디션에서 1등을 했음에도 불구하고, 지속적으로 실력을 인정받았음에도 불구하고 그녀는 근 13년에 걸쳐 남성 클래식 음악계가 만들어 놓은 여성은 '약한 존재'라는 인지범주와 맞서 뮌헨 필하모니를 상대로 치열한 싸움을 전개해야 했습니다. 게다가 같은 악기를 다루는 남성 음악가들보다 낮은 차별적인 임금을 받기도 해서 이에 대해 법정 투쟁으로 맞서야 했으며 결국엔 끝내 승리하고 맙니다.

클래식 음악가는 남자이어야 한다는 범주 만들기를 무너뜨린 겁니다.

(3)

"린다는 31세의 독신 여성으로 혼자 살고 있으면서 총명하고 개방적인 성격이다. 대학에서 철학을 전공했고 학생시절에 인종차별과 사회정의 문제에 깊은 관심을 가졌으며 핵 반대 시위에 참여하기도 했다."

1. 린다는 여성운동을 하고 있는 은행직원이다.
2. 린다는 은행직원이다.

(4)

"동전던지기를 해서 앞뒷면을 알아내는 게임이 있다. 현재까지 5번을 던졌는데 모두 앞면이 나왔다. 자, 지금 6번째로 던지려고 한다. 앞면이 나오겠는가, 뒷면이 나오겠는가?"

1. 앞면이 나온다.
2. 뒷면이 나온다.

(3)의 예문에서 린다는 1번과 2번의 답 중 어느 것이겠습니까? 대부분의 사람들은 1번이라고 답변을 한다고 합니다. 왜냐하면 인종차별, 사회정의 문제에 관심을 가졌다든가 핵 반대 시위에 참석했다는 과거의 전력이 우리로 하여금 무언가 사회운동을 하고 있을 것이라는 연상을 하게 만

듭니다. 임의로 원인결과의 관계를 만들어 내는 것이죠.

그러나 확률적으로 살펴보면 린다가 그냥 은행직원일 확률이 여성운동을 하면서 은행직원일 확률보다 훨씬 큽니다. 안 그렇겠습니까? 은행직원 중에서 여성운동을 하고 있을 확률이 몇 %나 될까요? 1%도 안 될 겁니다. 그러나 우리는 현상 A와 현상 B가 무언가 관련이 있다 싶으면 그러한 관련을 곧바로 원인-결과의 고리를 만드는 맥락으로 연결하여 그 맥락에 따라 판단하게 됩니다. 현상 A가 현상 B의 원인이 되든가 결과가 되든가 인과관계가 있다고 판단한다는 뜻입니다.

(4)의 예문도 마찬가지입니다. 동전 던지기에서 계속해서 앞면이 5번 나오면 그 다음의 6번째는 반드시 뒷면이 나올 거라고 판단한다고 합니다. 그러나 확률적 상황에서 보면 앞면과 뒷면이 나올 확률은 매회 꼭 반반인 것이죠. 5번 계속해서 앞면이 나왔다는 사실이 어떤 원인이 되어 6번째는 뒷면이 나올 것이라는 결과가 있을 것이라는 어떤 원인-결과의 관계는 없다는 말입니다.

(5)

관절염 통증과 저기압 날씨의 상관관계 실험:

· 1972년도 연구는 관절염 환자의 80~90%가 기온과 기압이 내려가고 습도가 올라가면 통증이 심해진다고 믿음.

· 의학박사 리델마이어와 인지심리학자 트버스키는 15개월간 18명의 관절염 환자들에게 매달 2회씩 통증 정도를 기록하게 하고 이를 관찰.

· 17명은 날씨변화에 따라 통증강도가 달라진다고 믿음.

· 수집한 통증 데이터를 같은 기간의 해당 지역의 기상정보와 대조

· 통증 기록과 당일, 전날, 전전날의 날씨를 비교한 결과 어떤 연관성도 발견 못함.

리델마이어와 트버스키는 두 번째 실험 진행:

· 대학생들인 일단의 실험대상자들에게 환자들의 통증정도와 그날의 기압을 기록한 데이터를 보여줌.

· 학생들의 절반 이상이 관절염과 날씨는 관련이 있다고 생각.

· 학생들은 데이터를 임의로 선택하고 조합하여 저기압과 통증이 우연히 일치하는 며칠과 같이 일부 데이터에만 존재하는 패턴에 초점을 맞추고 나머지는 무시.

(3), (4), (5)의 예문에서 보다시피, 우리가 이렇게 원인-결과라는 스토리 구성에 쉽게 빠지는 이유가 무얼까요? 그것

은 바로 이야기의 힘입니다. 아주 오랜 옛날에는 문자가 없었고 이런저런 생활의 지혜나 위험이 후손에게 전달되기 위해서는 말밖에 없었고 그것은 이야기의 형태로 전달해주는 것밖에는 없었을 것입니다.

가령 원시시대에 부모가 자녀들에게 어떤 식물이 먹는 것이고 못 먹는 것인지를 가르쳐 줄 때는 '이것은 어떠어떠하니까 먹으면 안 되고 저것은 이러이러하니까 먹어도 된다' 하고 가르쳐 주었을 겁니다. 그러니까 '이러이러 하니까 저러저러 하다' 하는 이러한 이야기의 구성은 바로 원인-결과의 줄거리 구성을 그대로 따르고 있는 것이죠. 게다가 이러한 부모의 훈계는 오늘날에도 여전합니다. '차가 위험하니까 찻길을 건널 때는 좌우를 꼭 살펴라', '낯선 아저씨가 말을 걸면 위험하니까 피해라' 등등 살펴보면 아주 많습니다.

게다가 세상일은 이제 매우 복잡해졌습니다. 아무리 복잡해도 그 일이 순차적으로 일어나면 시간을 갖고 차분히 생각해 볼 만도 하겠건만 그 복잡한 일들이 동시다발적으로 일어나곤 합니다. 이러한 상황에서는 우리는 빠른 시간 안에 개략적으로 훑어 그러한 상황이 갖는 의미를 파악할 수밖에 없을 겁니다.

그러다 보니 나타난 게 개략적인 추론 기능이라고 봅니

다. 여러 가지 일을 동시에 처리해야 하는 자신이 가장 바쁠 때를 한번 떠올려 보죠. 그때 정말 우리가 그 하나하나를 일일이 조목조목 따지며 분석합니까? 거의가 대략 훑어보고 거기서 어떤 통일적인 성질을 끄집어내서는 거기에 나름대로의 의미를 부여하고 그에 따른 판단과 결정을 할 겁니다. 눈에 뜨이는 일들만 기억하고 거기서 어떤 상관관계가 있으면 '아, 그게 이것 때문에 일어났구나' 하고 넘겨짚는 추론을 하게 될 겁니다.

문제는 이러한 원인-결과의 구성이 넘치다 보니 이제는 거기에 푹 빠져서 외견상 그럴듯해 보이면 아무데나 줄거리 짓기에 의해 A가 일어나니까 B가 일어난다 하고 단정짓게 된 겁니다.

맥락 만들기 사례 3

(6)

일단의 여성을 대상으로 한 실험:

실험참가 여성들에게 나일론 스타킹 12켤레를 보여주고 자기가 좋아하는 것을 선택하게 한 후, 그 선택의 이유를 설명해 줄 것을 요청.

실험참가 여성들은 주로 원단, 느낌, 색상 등을 선택의 이유로 삼았음.

예문 (6)을 보겠습니다. 실험에서 제공된 스타킹은 모두 똑같은 제품임에도 불구하고 실험 참가자들이 서로 다른 선택의 이유를 대었다는 사실은 먼저 선택을 한 후에 그럴 듯한 이유를 만들어냈음을 의미하는 것이라고 '블랙스완'에서는 말합니다.

예문 (7)에서는 통계상의 확률로만 보면 (1)이 일어날 확률이 더 높음에도 불구하고 예견 전문가인 교수들조차도 왜 (2)가 일어날 확률이 더 높다고 했을까요? 지진이라는 특정적인 상황이 원인-결과의 측면에서 더 그럴듯한 맥락을 만들기 때문이라는 겁니다.

이 실험들이 뜻하는 바는 우리는 어떠한 현상들 간에 자그마한 어떤 연관이라도 있어 보이면 원인-결과라는 인과관계로 치환한다는 거죠. 그러니까 지진이라는 대사건과 홍수라는 대사건이 보기 드문 대사건이니만치 대사건끼리 원인-결과의 관계라는 맥락을 지어 생각하게 된다는 겁니다. 사실 엄밀하게 통계적 확률로만 보면 대사건이라는 표현상의 유사성만 있지 현상적으로는 어떤 인과관계가 형성되지는 않지 않습니까?

범주-맥락 만들기 정리

우선 범주-맥락 만들기는 대표성 휴리스틱(Representativeness Heuristics)이라는 용어를 이해의 편의를 위해 범주-맥락 만들기로 바꿨음을 밝힙니다. 왜 대표성이라는 말이 들어갔는가를 따져보니 범주나 맥락에서 대표가 되는 성질을 끄집어내서 그 범주와 맥락의 대표적인 특성을 부과하기 때문에 대표성이라는 말이 들어간 것으로 생각합니다.

● 범주 만들기는 외견상 비슷한 행태를 보이는 것으로
비쳐지는 사람이나 비슷한 성질을 갖고 있는 것으로 보이
는 환경과 현상을 하나의 집단이나 종류로 묶어서 거기에
서 공통적으로 나타나는 대표적인 성향이나 성질을 부여한
다음, 그 집단이나 종류에 속하는 개인과 개체의 특성을 인
식하고자 하는 인지기제라 할 수 있습니다. 따라서 범주 만
들기의 영향을 받으면 어떤 개별 정보에 대한 판단이 그 정
보를 둘러싸고 있는 '범주틀'의 특성에 따라 좌우됩니다. 이
를테면 소위 관상학이란 것이 아주 딱 들어맞는 예가 되겠
고 또는 어떤 사람의 됨됨이를 파악하기 위해 그 사람의 성
장배경이나 혈통, 또는 외양적 행동가짐이나 차림새를 중
요한 판단의 요인으로 삼는 경우를 들 수 있습니다.

● 맥락 만들기는 발생 측면에서 우연의 일치에 의해 표
면상 서로 관계가 있어 보이는 현상(상관관계)을 원인과 결
과라는 인과관계의 현상으로 인지하는 인지체계라 할 수
있습니다. 따라서 맥락 만들기의 영향을 받으면 동전던지
기 실험의 예에서 보다시피 (1) 어떤 상황들이 우연하게 연
속적으로 일어나면 여기에 하나의 규칙성이 있다고 간주하
고 미래에도 이러한 규칙성에 따라 움직일 것이라고 연속

적으로 추측하고, 스타킹 실험과 실험이나 관절염실험에서 보다시피 (2) 둘 이상의 현상이 동시에 또는 순차적으로 발생하면 하나의 현상이 나머지 다른 하나의 현상을 일으키는 데 영향을 미쳤다고 생각하게 됩니다.

● 외형상의 상관관계란 어떤 둘 또는 그 이상의 일 또는 사건이 외형적으로 또는 표면적으로 하나의 맥락이나 줄거리를 형성하면서 발생하는 관계를 말합니다. 이를테면 어느 여름에 아이스크림 소비가 늘면서 우연에 의해 익사사고가 늘었다면 이는 하나의 상관관계라 할 수 있습니다. 그런데 사람들은 '아이스크림이 많이 팔리면 물에 빠져 죽는 사람도 많아지겠구나!', 또는 '물에 빠져 죽은 사람이 늘면 아이스크림도 많이 팔리겠구나!' 하는 인과관계를 만든다는 겁니다. 여기에는 무더위라는 날씨가 사실은 아이스크림 소비와 익사사고가 늘어나는 원인일 수가 있습니다. 더우니까 물가에 가는 사람이 많아질 거고 그러니 익사사고도 늘 것이고 더우니 아이스크림 사먹는 사람도 늘 거고 그러니 아이스크림 소비도 늘 것입니다. 그런데 사람들은 아이스크림의 소비가 마치 익사사고의 원인이나 결과인 것처럼 인과관계로 여긴다는 겁니다. 여기에 상관관계와 인과

관계의 차이점이 있음을 이해하시기 바랍니다.

● 따라서 범주-맥락 만들기는 우리 주변의 사람들과 환경과 현상들을 범주화하고 맥락화해서 그 범주와 맥락에 따라 세부사항의 특성을 판단하기 때문에 그 개개인과 개체가 갖는 본래적 특성이나 타당성을 간과하게 되고 그 결과로 정밀하지 못한 결정을 내릴 가능성이 매우 큽니다.

● 또한 앞의 지진과 대홍수를 연결 짓는 실험에서 보다시피 '맥락 찾기'는 지진, 테러, 항공기 폭발 등 관심을 끄는 대목에만 주의력을 쏟게 하기 때문에 그 사건이나 상황이 '확률적으로 얼마나 자주 일어날 수 있는가' 하는 확률적 사고에 대해서는 둔감하게 만듭니다.

● 하나의 환경에서 형성된 범주와 맥락의 틀은 다른 환경에서는 소위 호환성이 없습니다. 그래서 범주-맥락 찾기에 갇히면 서로 다른 범주와 범주, 맥락과 맥락을 연결 짓는 통합적 사고를 어렵게 합니다. '블랙스완'에서 소개되는 통계학 교수들을 대상으로 한 실험이 이를 입증해주고 있습니다: "어느 마을에 병원이 두 개 있는데 하나는 크고 다

른 하나는 상대적으로 작다. 어느 날 하루 동안 둘 중 한 병원에서 태어난 신생아의 60%가 사내아이였다. 이 병원은 큰 병원인가 작은 병원인가?" 이에 대해, 상당수의 통계학 교수들이 큰 병원이라고 틀린 답변을 했답니다. 이는 표본 수가 클수록 장기적인 평균값으로부터의 변동이 적어지는 통계학의 기본이치를 학교 밖에서는 망각하였다는 겁니다. 통계학의 이치는 같은데 왜 학교 안에서는 잘 생각되던 것이 학교 밖에서는 생각이 되지 않을까? 그러니까 학교 안에서 이론을 교수하는 가르침의 환경범주에 익숙한 통계학자들이 학교 밖에서 실제응용이라는 환경범주에서는 그 통계이치를 끄집어 내지 못한 것이죠.

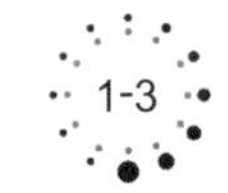

연상기억-유명도 끄집어내기
(Recognition Heuristics)

연상기억-유명도 끄집어내기 사례 1

(8)

유명 인사 목록 실험:

· 목록 A와 목록 B – 똑같은 수의 남성과 여성의 이름을 기재

· 목록 A – 유명 남성 인사들의 이름이 더 많음.

· 목록 B – 유명 여성 인사들의 이름이 더 많음.

· 목록 A를 본 실험참가자들은 남성의 수가 더 많다 하고

· 목록 B를 본 실험참가자들은 여성의 수가 더 많다 함.

(9)

항공보험에 관한 실험:

· 테러공격에 대비한 보험 (a)

· 테러공격을 제외한 항공사고에 대비한 보험 (b)

· 두 경우를 포함한 모든 경우를 보장하는 보험 (c)

· (a)와 (b)에 대한 보험이 (c)에 대한 보험보다 훨씬 높았음.

(8)의 유명인사목록실험 결과를 살펴보겠습니다. 유명인사라 함은 사회적으로 이름이 널리 알려진 사람입니다. 많은 사람들이 그 이름을 기억하고 있다는 말이죠. 그래서 실험참가자들은 사회유명인사의 수와 남녀의 분포 비율을 연계시켜 생각을 했습니다.

여기서 중요한 점은 자신이 기억해 낼 수 있는 사람들의 수를 근거로 판단을 했다는 사실에 있습니다. 유명인사의 수를 파악하고 그 숫자를 쉽게 기억해내고서는 그 기억을 바탕으로 남성의 수가 많다, 여성의 수가 많다 하고 판단을 한 겁니다. 다시 말해서 특정한 상황에 대해 누구로부터 들은 기억, 직간접적인 학습이나 경험을 통해 생긴 기억을 이용하여 많다 적다를 판단한 사실에 주목해야 합니다.

(9)의 항공보험의 실험도 같은 결과를 보여줍니다. 그러니까 테러 하면 그것의 참혹함이 구체적으로 금방 연상되니 자주 발생된다고 생각을 하게 되고 일반보험 하면 그저 막연하니까 그 개념이 곧 떠오르지 않아서 발생확률과는 쉽게 연결을 짓지 못한다는 겁니다.

내가 주변에서 자주 보고 강하게 인상을 받아 뚜렷한 기억을 남길수록 더 많이 존재하거나 더 자주 일어난다고 우리는 믿게 됩니다. 그래서 특정한 상황에 쉽게 연상이 되는 정보를 이용하게 되는데 이를테면 출근길에 교통사고를 목격했다면 교통사고가 일어날 확률을 아주 높게 보게 됩니다.

우리는 우리가 어떤 둘 또는 그 이상의 대상 간에 크고 작음, 옳고 그름, 드물게 일어남과 자주 일어남 등의 상대적인 비교를 할 때 그 판단의 기준을 널리 알려진 것, 많은 사람들이 알고 있다고 생각되는 것에 의한다는 겁니다. 그러니까 널리 알려진 것일수록 더 크거나 더 옳거나 더 자주 일어난다고 생각한다는 거죠.

이는 하나의 대상이 많은 사람들에게 인지도가 높을수록

38

발생빈도나 존재가능성도 높다고 보는 건데, 다시 말해 인지도와 빈도수 간에 함수관계가 있다고 보는 건데, 정말 그럴까요?

우리가 여러 가지 상품 중에서 하나의 상품을 고를 때도 그 제품의 인지도를 기준으로 하는데, 기업이 제품이나 화사 이미지 광고에 엄청나게 많은 돈을 투자하는 것도 바로 이러한 사람들의 인지도에 의한 인지기제를 이용하는 것이라고 할 수 있습니다.

인지도란 것도 사실은 개개인의 기억에서 출발합니다. 내가 기억하고 다른 사람이 기억해서 보다 많은 사람들이 기억해서 알고 있으면 그것이 인지도가 되지 않습니까?

그러나 기억의 강도와 폭이 어떤 대상의 발생빈도나 가능성과는 아무런 함수관계도 없다는 점을 주목해야 합니다.

연상기억-유명도 끄집어내기 정리

우선 연상기억 끄집어내기라는 용어는 영어의 'Available Heuristics'를, 유명도 끄집어내기라는 용어는 'Recognition

Heuristics'를 이해의 편리를 돕기 위해 임의로 만들었음을 밝힙니다.

● 연상기억 끄집어내기는 내가 알고 있거나 기억하고 있는 정보를 어떤 상황과 연상시켜 그 상황의 발생빈도나 존재가능성의 높고 낮음을 판단하는 인지기제입니다.

● 연상기억 끄집어내기는 범주-맥락 만들기와 나중에 설명되는 확인편향의 영향을 받습니다. 우선 자신이 보고 들은 정보를 사실 그대로 기억하는 것이 아니라 그 정보에 자신만의 범주-맥락의 틀에 따라 어떤 의미를 부여하고 자신이 이미 알고 있는 내용과 연관을 시킵니다. 소위 연상작용을 하는 것이죠. 그래야 나중에 기억으로 저장된 정보를 회상해 내기가 용이하기 때문입니다. 이 회상 과정에서 기억된 내용이 자신의 기호에 맞게 재구성 됩니다. 게다가 확인편향의 영향으로 자신이 보고 싶고 듣고 싶은 내용만 보고 듣고자 하며 또 기억하고 싶은 것만 기억하려고 하기 때문에 보고 들은 정보의 내용을 그대로 기억하는 것이 아니라 나름대로 맥락에 맞게 취사선택을 하고 각색을 하게 됩니다. 개인이 처한 상황에 따라 다르지만 거의 다른 내용을

기억하고 있는 경우도 있고 전체 상황의 약 50% 정도만 기억하는 경우가 비일비재하다고 합니다.

● 따라서 이 인지기제에 의하면 우리는 주변에서 자주 보는 것일수록 또 강하게 인상을 받아 기억이 뚜렷하면 뚜렷할수록 더 많이 존재하거나 더 자주 발생한다고 믿게 됩니다.

● 이에 따라 위험에 대한 판단도 구체적으로 상상할 수 있는 위험은, 그래서 강한 인상을 심어주는 위험은 더 위협적으로 느껴져 발생할 가능성이 더 높다고 판단하고, 그래서 잘 알지 못하고 눈에 잘 띄지 않는 위험은 위험분석 대상에서 제외하게 됩니다.

● 특정한 상황에 대한 어떤 판단을 할 때 그 상황과 심적으로 연상이 되는 정보를 이용하기 때문에 주관적인 감정에 치우친 판단을 할 수가 있습니다.

● 유명도 끄집어내기는 많은 사람들에게 널리 알려진 것일수록 더 낫고 더 가치가 크다고 판단하는 인지기제입

니다. 이 인지기제에 의하면 많이 알려진 것에 관심을 쏟는 나머지 그 알리려는 또는 알려진 대상의 본질적인 가치에는 주의를 소홀히 할 수가 있습니다.

● 이를테면 소말리아 해적에게 납치당해서 우리 해군이 극적으로 구출한 삼호주얼리호 사건이 좋은 예가 됩니다. 국내의 매우 많은 사람들이 구출작전 때 다친 선장 석해균 씨의 회복을 위해 많은 성원을 보냈습니다. 그러나 그 기간 중에 전국적으로 퍼진 구제역의 진압을 위해 4개월여 동안 고생하다가 과로로 순직한 공무원들에 대해서는 국민의 관심이 거의 없었습니다.

● 나라 전체의 축산업의 위기를 가져온 구제역을 진압하다가 사망한 공무원들의 죽음이 왜 석해균 선장의 생명만큼 주의를 못 받아야 할까요?

● 범주-맥락 만들기와 연상기억-유명도 끄집어내기는 다 공통적으로 내가 보고 들은 일상의 일들을 기준으로 내가 보고 듣지 않은 것까지 포함하여 포괄적으로 추론해서 판단하는 인식체계이기 때문에 현실 세계에서 폭과 깊이에

있어 다양하게 벌어지는 사건에 대해 충분히 성찰하게 하지 못합니다. 따라서 개별 사건의 실상이 갖는 특성을 잘못 판단하도록 유도하게 됩니다. 개별 사건의 이면을 살펴보지 못하게 합니다.

닻내리기(Anchoring)

닻내리기 사례 1

(11)

판사들의 적절한 형량 실험:

· 어떤 실제 재판의 공식 판결을 내리기 전에 별개의 미리 적어
  놓은 형량제안이 높은지 낮은지 여부를 판단해 줄 것을 요청
· 너무 높은 형량을 본 판사들은 실제 재판에서 그 범죄의 성질
  에 비해 현저하게 더 높은 형량을 선고
· 너무 낮은 형량을 본 판사들도 실제 재판에서 현저하게 낮은
  형량 선고

(12)

UN–행운의 바퀴 실험:

· 실험 참가자들에게 1에서 100까지 적힌 행운의 바퀴를 돌리게 함.
· 행운의 바퀴에서 일정한 숫자가 결정된 후 아프리카 국가 중
  몇 %가 UN에 가입했는지 추측하게 함.
· 행운의 바퀴에서 30이 선택되면 대답은 20~40%, 80이 선택
  되면 대답은 70~90%

예문(11)은 일단의 실험 대상인 판사들에게 자신이 맡은 범죄 사건을 심리하기 이전에 다른 범죄 사건에 대해서 그 선고된 형량이 높은지 낮은지 여부를 판단해보라는 요청을 한 실험입니다.

A, B 그룹으로 나누어서 A그룹의 판사들에게는 자신이 담당하고 있는 범죄사건보다 아주 형량이 무겁게 매겨진 범죄사건을 분석해보라고 했고 B그룹의 판사들에게는 형량이 낮게 선고된 범죄사건을 분석해보라 한 겁니다. 그 결과가 위의 예문에서 나온 결과입니다.

예문(12)의 실험도 유사한 결과를 보여주고 있는 실험입니다. 우선 실험참가자들에게 1에서 100까지 적혀 있는 행운의 바퀴를 돌리라고 지시합니다. 그 바퀴에서 그저 우연하게 어떤 숫자가 선택이 됩니다. 실험참가자에게 그 우연히 선택된 숫자를 읽게 한 후 아프리카 국가들 중 몇 %의 나라가 UN에 가입하고 있느냐를 물은 겁니다.

그랬더니 실험참가자들 모두가 그 우연히 선택된 숫자와 아프리카 국가들의 UN 가입률과는 아무 상관관계가 없음에도 불구하고 그 숫자의 영향을 받아 그 숫자에서 약간 높고 낮은 숫자를 아프리카 국가들의 UN 가입 확률이라고 응답했다는 말입니다.

다음 차트에서 좀 더 확실한 실험결과를 보여 드리겠습니다.

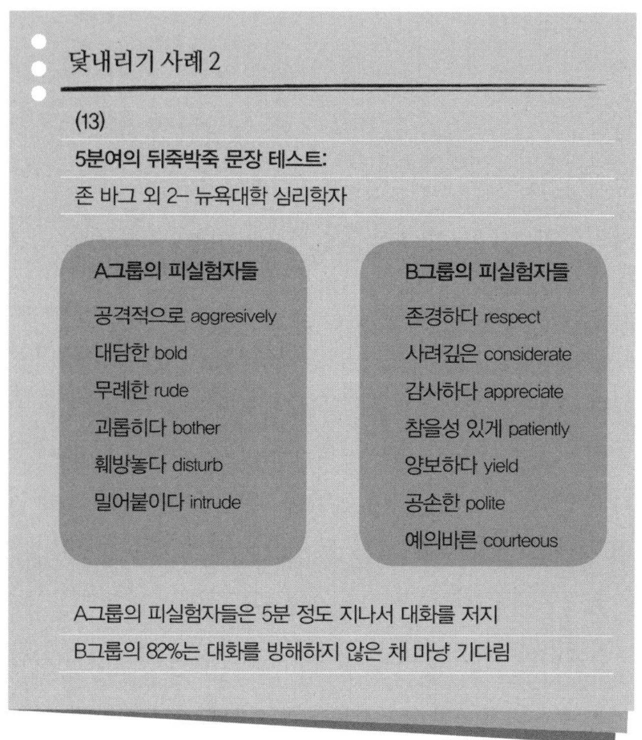

블링크에서는 대학생들을 대상으로 한 상기 실험을 '사전주입실험'이라는 용어로서 소개하고 있습니다만 저는 이

실험이 전형적인 닻내리기 효과라는 생각이 들어 여기에
소개합니다.

　A그룹의 피실험자들에게는 주로 공격적인 단어들이 들
어간 문장을 통한 어떤 테스트를 받게 하였고 B그룹의 피
실험자들에게는 공손한 단어들이 들어간 문장으로 테스트
를 받게 하였습니다. 5분여 동안 테스트를 받은 후 피실험
자들에게 다음 과제를 하기 위해 이동해야 한다고 하면서
어느 복도를 지나가게 합니다.

　그런데 실험의 목적을 알고 있는 두 실험진행자로 하여
금 그 복도를 가로막고 어떤 대화를 하게 합니다. 그 대화
의 내용도 '이건 어디에다 표시해야 하죠? 무슨 말인지 모
르겠어요' 등과 같이 별 의미가 없는 질문 수준의 반복이었
다고 합니다. 피실험자들은 반드시 그 복도를 지나야 하므
로 A와 B그룹의 피실험자들이 각각 어떤 반응을 보이는가
를 관찰하는 것이 실험의 목적이었습니다.

　A그룹은 대화를 저지하고 그 앞을 지나가려 했지만 B그
룹은 공손하고 참을성 있는 미소를 머금고 마냥 기다렸다
고 하네요.

닻내리기 정리

● 닻내리기 효과는 우리가 처음에 받은 인상, 자료, 정보 등에 지나치게 쏠려서 그 이후의 상황 판단, 이에 따른 결정이나 행동을 위한 근거로 삼는 것을 말합니다.

● 의사결정을 위한 모델이 제시되면 그 모델을 판단과 결정을 위한 기준으로 생각함으로써 모델이라는 틀 안에서 보다 수동적인 판단을 하게 됩니다.

● 심한 경우는 의사결정 모델에 예속될 수도 있습니다. 일단 예속 되면 그 틀에 대한 전적인 신뢰를 갖고 있기 때문에 그 틀이 틀릴 수도 있다는 것을 인정하지 않게 됩니다.

● '보이스피싱'은 닻내리기 효과의 전형적인 부정적 행태라고 할 수 있습니다. 전화상으로 대상자가 처해 있는 취약한 상황과 그럴듯한 통계적 자료까지 들먹이며 침투해 들어오면, 닻내리기의 작용으로 인해 많은 피해를 당하게 됩니다.

● 외부로부터 받는 닻의 영향으로 그 연장선상에서 자신이 알고 있는 내용을 결합하여 심적 닻을 만들고 그 닻을 판단의 준거점으로 삼기도 합니다. 여기에는 기억과 인지 도발견법에 의한 인지기제가 강력한 영향을 줍니다.

● 닻에 빠지면 더 많고 깊이 있는 자료나 정보를 수집할 수 있는 기회를 보지 못하게 됨으로써 상황을 보다 정확하게 파악하지 못하게 되고 따라서 수시로 변하는 상황에 유연하게 대처할 수 없게 됩니다.

● 보다 중요한 점은 닻내리기가 사람에 대한 판단에 대해서도 작용 한다는 데에 있습니다. 우리는 사람의 첫인상에 강력하게 빠져 단지 첫인상에 대한 느낌에 따라 좋고 나쁨을 판단한다는 겁니다. 이는 가장 경계해야 할 닻내리기의 오류라고 할 수 있습니다. 예능실력의 테스트를 위한 오디션, 직원을 뽑기 위한 인터뷰, 사람을 사귀기 위한 첫 만남 등에 있어 이 첫인상이 아주 강력한 작용을 하기 때문입니다.

확인편향(Confirmation Bias)

확인편향 사례1

(14)

사형제도에 관한 찬반 실험:

- 사형제도를 찬성하는 그룹, 반대하는 그룹으로 나눔
- 두 그룹에게 사형제도의 영향에 관한 책을 꼼꼼히 읽게 함.
- 사형제도에 대한 각자의 입장에 변화가 생겼는지 여부 조사
- 사형제도 찬성자는 찬성의견을 더욱 확신하고 반대자는 반대 의견에 대해 더욱 확신

(15)

"이 차량은 화학물질이 새어나갈 경우를 대비한 제독용 차량입니다. 이 차량은 작업이 진행되는 4개의 화학무기 저장고 주위를 돌아다닙니다."

2002–02 콜린 파월

"이 차량은 소방차군요."

2004–12–3 패트릭 에딩턴

예문(14)의 실험이 나타내는 바는 우리는 일단 자신의 의견이 정립되면 좀처럼 자신의 의견을 바꾸려고 하지 않는다는 걸 말하는 겁니다. 대학생들을 대상으로 사형제도에 관한 전문서적을 읽게 해서 그들의 생각에 다소 변화가 있으려니 하고 예상했는데 웬걸 오히려 자신들의 생각을 더욱 공고히 하게 한 계기가 되었다는 겁니다.

미국이 이라크를 침공하기 전, 미국은 이라크에 대량 인명 살상을 위한 화학무기가 있다는 증거를 UN 회원국들에게 확인시킬 필요가 있었습니다. 그 증거 중의 하나가 바로 위성사진이었습니다. 예문(15)는 당시의 국무장관이었던 콜린 파월이 이 위성사진을 들고 UN 총회에 나가서 회원국들에게 한 말입니다.

어떤 거대한 공장과 그 공장안에서의 차량이 함께 찍힌 위성사진을 회원국들에게 보여주면서 그 차량이 화학무기 공장에서 새어나올 유해물질을 제거하는 제독용 차량이니 그 공장이 틀림없는 인명살상 화학무기공장이라고 설명했다는 겁니다.

그런데 미국 CIA에서 16년여를 이미지 판독 전문가로 일해 온 패트릭 에딩턴이라는 사람은 2년 10개월 후 이 사진을 보고 그 차량을 소방차라고 한 겁니다.

이게 무얼 뜻하는 걸까요? 우리가 자신의 주장에 유리한 증거만 찾아서 보고 싶은 것만 보고 듣고 싶은 것만 들으려는 편향적 사고구조를 갖고 있다는 사실을 보여 주는 겁니다.

위의 두 예문은 우리의 편향된 사고구조가 자신의 의견 확립과 그 주장에만 국한되어 나타나는 것이 아님을 설명하기 위해 예로 들었습니다.

자신이 보고 싶은 것만 보려하고 듣고 싶은 것만 들으려 하는 우리의 마음작용은 당연히 그러한 내용을 보여주고 말해주는 사람들에게 쏠리게 됩니다. 안 그렇겠습니까? 나의 얘기에 동조해주고 지원해주는 사람에게 정이 더 가고 친근감이 더 가지 않겠습니까?

그러한 마음작용은 상호간에 직접적인 의사교환이 없더라도 무의식적으로 무언가 동질적인 느낌을 주는 쪽으로 마음이 향하게 할 겁니다. 하나의 동질의식은 어떤 형식이든 나의 의견에 동조의 형태로 나타날 것이라는 무의식적인 믿음이 있는 거죠. '끼리끼리 모인다'는 말은 이래서 생긴 게 아닌가 합니다.

칸막이식 사고도 그래서 형성된다고 봅니다. 서로 지지해주고 지원해주는 사람들끼리 모이니 더더욱 자신들의 생각에 확신을 더해 가고 이에 비례하여 다른 집단의 생각은 틀렸다는 생각이 고착이 되어 갑니다.

틀린 게 아니라 다만 다를 뿐이고 그 다름에는 나름대로 가치가 있을 것이라는 점이 안 보이게 됩니다. 안 보이니 서로간의 생각을 교환하려는 의지가 생기지 않게 됩니다. 교환의지가 없으니 서로 교류가 없고 그래서 자신들의 칸막이 안에서만 놀게 됩니다.

이 칸막이 사고는 현대사회에서 가장 큰 사회적 병폐의 하나라고 생각합니다.

확인편향 정리

● 확인편향 인지기제는 자신의 의견이나 판단 또는 주장을 지지하는 증거를 찾고자 하고 이에 상충되는 정보는 물리치는 정신작용을 말합니다.

● 확인편향에 빠지면 보이고 들리는 것들 중에서 보고 싶고 듣고 싶은 것에만 집중하여 그것으로부터 보이지 않고 들리지 않는 것들에게까지 일반화시킵니다.

● 자신의 기분을 좋게 하는 의견을 듣고자 하기 때문에 자신의 의견을 지지하는 사람들에게 쏠리게 되고 조언을 듣는다 해도 자신과 유사한 경험이 있는 사람으로부터만 듣고자 합니다. 그러다 보니 자신의 애초 결론과 크게 다르지 않는 조언들에 둘러싸이게 되는 겁니다.

● 많은 사람들이 점을 보는 이유도 우연하게 한두 가지가 맞아서 기분이 좋은 내용만 기억이 되고 틀리고 기분 나쁜 수많은 내용들은 잊어버리기 때문입니다.

● 자신에게 유리한 증거를 선호하다보니 과거의 성공을 답습하려는 의지가 강해집니다. 현재까지의 성공은 곧 자신의 생각이 옳았다는 것을 입증하는 사례라고 결론짓고 자만해진다는 겁니다. 이러한 자세는 다음에 설명하는 자기과신과 현상유지에 빠지는 요인이 됩니다. 그러나 과거의 성공을 도운 여타 조건들이 미래에도 항상 같을 수는 없음을 알아야 합니다.

● 무엇보다 심각한 확인편향의 문제는 바로 편가르기 행동과 칸막이식 사고입니다. 이것을 심리학적인 용어로 '영역특정성'이라고 합니다. 소위 끼리끼리 모이게 되는 겁니다. '블랙스완'과 '지금, 경계선에서'의 저자들은 이에 대해 신랄하게 비판하고 있죠. 크게는 기독교도와 무슬림, 아랍인과 이스라엘인, 미국의 공화당과 민주당, 작게는 미국의 CIA와 FBI, 물리학자들과 경제학자들, 의사들과 보험회사, 환경운동가와 석유회사 경영자들에게 존재하는 심각한

편가르기 행동과 칸막이식 사고의 병폐를 지적합니다.

즉, 자원을 한데 모으는 일이 어려워지고 정보 획득도 힘들고 각 기관이 똑같은 일을 되풀이하다 보니 시간과 자원이 낭비될 뿐 아니라 복잡하고 위험한 문제들의 해결을 위한 협력이 생기지 않는다고 합니다.

자기과신(Overconfidence)

자기과신 사례 1

(17)

나는 평균 이상이다:

· 스웨덴 사람들의 94%: 나는 운전능력이 뛰어난 상위 50% 안

· 미국 94%의 큰 대학 교수들: 나는 평균적인 교수들 이상이다.

· 미국 99%의 결혼 부부: 나만큼은 이혼하지 않아(이혼율 50%)

· 캐나다인의 70% & 미국남성의 71%와 여성의 57%: 나는 평균 이상으로 똑똑하다.

· 프랑스 사람들 중 84%: 나는 침실능력이 뛰어난 상위 50% 안

(18)

CIA 국장: "불보듯 뻔한 상황입니다."

부시: "얼마나 자신할 수 있나?"

CIA 국장: "걱정마십시오. 확실합니다."

백악관 대변인: "강하게 자신한다." 발표

예문(17)에서 보다 시피 대다수의 사람들이 자신은 평균인의 수준에서 한참 뛰어넘는 수준에 있다고 생각합니다. 일상에서 자신감을 갖고 사는 것은 긍정적인 효과를 가져오는 경우가 많으므로 권장할 만한 일입니다만 문제는 우리가 지나친 자신감을 갖고 있다는 거죠.

'보이지 않는 고릴라'의 저자들은 자신감을 믿는 것은 비참한 결과를 가져올 수도 있는 커다란 정신적 함정이 된다고 경고하는군요.

예문(18)이 이를 말해주고 있습니다. 부시 대통령이 이라크에 대량살상무기가 있는지 확신이 안 가서 CIA 국장인 조지 테넷에게 확인차 물었는데 테넷은 확신한다고 대답했고 게다가 백악관 대변인은 전쟁이 시작되고 몇 주일 뒤에 이라크에서 대량살상무기를 발견할 가능성을 '강하게 자신한다'고 발표까지 한 겁니다. 그런데 어떻게 됐습니까?

철저한 조사를 해보았지만 애초에 대량살상무기는 없었음이 확인되었습니다.

(19)

통제력 착각 실험:

· 미식축국 선수팀의 사진이 들어 있는 카드 200장 중 하나가 임의로 뽑히면 당첨
· A회사 직원들에게는 카드를 나누어 주었고, B회사 직원들은 카드를 직접 고르게 함.
· 카드를 다른 사람에게 팔게 함.
· B그룹은 카드를 팔지 않으려는 의사가 훨씬 더 강했고, 더 많은 돈을 요구
· B그룹은 자신이 선택한 카드가 더 당첨될 확률이 높다고 생각

(20)

· 만난 적이 없는 대학생들을 네 명씩 집단을 만들어 미국 경영대학원 입학시험 수학문제를 풀게 함.
· 각 집단 구성원들이 문제 푸는 과정을 비디오로 녹화
· 구성원들간에 서로의 수학실력을 평가하게 한 후, 각 구성원들이 대학입학시험에서 받은 수학실력과 비교
· 각 구성원을 대상으로 누가 리더십을 지녔는지에 관한 설문조사
· 가장 먼저 단호하게 의견을 제시한 사람이 리더 – 최초로 나온 답안이 최종답안이 된 경우가 94%

예문(19)는 미식축구복권게임이라는 실험입니다. 자신

이 카드를 직접 골랐거나 누가 나누어 주는 것을 받았거나 간에 복권으로 뽑히는 카드는 그야말로 순전히 우연에 의한 행운 덕택인 거죠. 그런데 자신이 직접 카드를 고른 사람들은 당첨될 확률이 훨씬 높을 거라는 강한 믿음을 갖고 있었다고 합니다, 즉 우연이라는 행운을 자신이 통제할 수 있다고 믿는 것이죠.

예문(20)의 실험은 '목소리 큰 사람이 이긴다'라는 우리네 속설을 뒷받침해주는 실험이라고 할 수 있습니다. 앞장에서의 실험처럼 우리는 자기과신이 강한만큼 역설적으로 강한 자신감을 표명하는 사람을 능력 있는 사람으로 착각하게 됩니다. 그래서 누군가가 의견을 '먼저 그리고 자주' 제시하며 자신감을 나타낸다면 실제 그 사람의 능력이 뛰어나지 않아도 그 자신 있는 태도로 인해 그 사람을 능력 있는 사람으로 오인하게 됩니다.

결국 집단의 리더는 실력이 아니라 강한 자신감을 표명하는 지배적인 성격을 가진 사람이 된다는 건데요, 이라크 전쟁의 경우처럼 리더가 실력이 없으면서 자신만만하기만 하면 어떤 결과가 오는지는 자명하다 하겠습니다.

자기과신 정리

● 자기과신에 빠지면 자신이 알고 있는 것 또는 자신이 할 수 있다고 여기는 것에 대해 과대평가를 하게 됩니다. 지식에 대한 과신이요, 능력에 대한 과신으로서 자신의 지식으로 이런저런 세상사에 대해 옳고 그름을 판단할 수 있는 범위와 자신의 능력으로 처리할 수 있는 갖가지 일의 범위에 대해 지나치게 낙관적으로 생각하는 것이라 할 수 있습니다.

● 자기과신은 기억과 유명도 발견법에 영향을 받아 자신이 알고 있고 구할 수 있는 자료와 정보에 자신의 확신을 추가하게 합니다. 그러면 그 외의 다른 정보에 근거하여 일어날 수 있는 불확실한 상황을 고려하지 않음으로써 (1) 실제로 알고 있는 것과 안다고 생각하는 것 사이에서 일어나는 불확실한 상황에 대처할 수 없게 만들고, (2) 예상 상황의 추정에 오류를 일으키게 되며, (3) 그 의사결정의 결과로서 일어나는 파급효과에 대해서도 착오를 일으킬 가능성이 큽니다.

● 이러한 지식에 대한 자기과신은 '보이지 않는 고릴라'에 따르면 어떤 현상에 대해 그것이 무엇인가를 알고 있는 것과 그 현상이 왜 그렇게 되었는가의 차이를 구분하지 않는 데서 일어납니다. 이를테면 '지하철이 무엇인가'에 대해 알고 있는 지식을 '지하철이 왜 그렇게 작동되는가'에 대한 지식으로 잘못 이해하고 있는 데서 온다는 겁니다. 다시 말해서 늘 보고 이용해서 '익숙'해진 개념을 잘 알고 있는 지식으로 착각하고 있는 것이죠.

● 자신감이란 자신에 대한 하나의 믿음이고 이 믿음이란 심적 상태는 근원적으로 사실적 근거나 합리적 타당성을 뛰어 넘는 정신의 감정적 작용입니다. 우연을 통제할 수 있다는 통제력 착각에 빠지는 이유도 이에 있거니와 의사결정을 위한 정보나 자료를 합리적으로 해석하지 않거나 합리적으로 해석했다 해도 거기에 따르지 않고 자신의 직관력을 더 믿으며 그 믿음에 따라 행동하게 됩니다.

● 따라서 맡은 일이 잘 되면 자신의 능력 때문이라고 생각하고 일이 잘못되면 우연의 실수 또는 운이 따르지 않았다고 하는 자기합리화에 빠지게 됩니다. 이는 필립 테틀록

이라는 심리학자가 5년에 걸쳐 75명의 경제학자들을 포함한 300여 명의 정치, 경제학 분야 전문가를 대상으로 한 조사결과에서도 잘 나타나고 있습니다. 그들은 5년의 기간 동안 정치, 경제, 군사 사건의 가능성을 판단하도록 하는 질문을 받았고 그들은 약 27,000개의 예측치를 내놓았는데 오류율이 예상치의 수배를 넘었다고 합니다. 그런데 그들의 변명이 참으로 코미디적인 흥미를 끕니다:

  (1) 충분한 정보가 주어지지 않았다.

  (2) 분석틀을 벗어난 극단적인 요인이 생겼다.

  (3) 전제 조건을 벗어난 아주 특이한 요인이 있었다.

  (4) 전무후무한 사건이었다.

  (5) 그래도 거의 맞추었다. (블랙스완)

● 자기과신은 또한 타인과의 비교측면에서도 과도하게 나타나 상대적으로 자신의 능력을 우월하게 여기게 되고 심하게 되면 오만으로 발전할 수 있습니다.

● 자기과신은 또한 닻내리기 인지기제의 영향을 받아 어떤 사람이 강한 자신감을 나타내면 그 자신감을 믿게 만들고 나아가 그 사람도 뛰어난 능력이 있다고 오인하게 만듭니다.

● 따라서 어떤 사람이 집단 내에서 자신감을 강하게 나타내면 낼수록 그 집단의 리더십을 차지할 확률이 높아지고 많은 사람들이 그 사람이 내뿜는 자신감으로 인해 그 사람을 믿고 따르게 됩니다. 아주 극단의 예를 들면 히틀러와 나치주의 그리고 그에 종속된 사람들, 사이비 종교의 교주와 그를 따르는 사람들의 경우가 그것입니다.

● 이는 궁극적으로 실질적인 실력이 있는 사람이 집단의 리더가 되는 것을 방해합니다. 왜냐하면 주로 강한 지배욕으로 무장한 사람들이 강한 자신감을 내보이기 때문이고 이러한 사람들은 또한 그 지배욕으로 인해 실력 있는 사람들이 그 실력으로 어떤 관계되는 상황을 장악하게 되는 것을 용납하려 하지 않기 때문입니다.

● 미국의 부시 대통령과 그를 따르는 사람들이 일으킨 이라크 전쟁은 실력이 뒷받침되지 않는 자신감으로 무장한 리더들이 어떻게 상황판단을 잘못하는지를 잘 보여주고 또 그 상황의 오판은 어떤 결과를 가져오는지를 잘 보여주는 좋은 예라고 할 수 있습니다.

손실혐오(Loss Aversion)-
현상유지(Status Quo Bias)

손실혐오–현상유지 사례 1

(21)

퀴즈 쇼 이익획득 게임 1:

· 준결승까지 진출 – 3000달러 획득

· 결승 관문 – 5개의 제비 중 1개만 뽑기; 단 1개인 무효를 뽑으면 3000달러까지 잃고, 유효를 뽑으면 1000달러 추가 4000달러를 가져감.

퀴즈 쇼 손실만회 게임 2:

· 준결승까지 진출 – 3000달러 잃음

· 결승 관문 – 5개의 제비 중 1개만 뽑기; 단 1개인 무효를 뽑으면 3000달러를 잃지 않고, 유효를 뽑으면 1000달러 추가 4000달러를 잃음.

위의 게임1은 현재까지 획득한 이익에 만족하고 그만 둘 것이냐 아니면 현재까지 벌어 놓은 걸 다 잃을 위험을 감수하면서 추가로 더 가져가기 위해 모험을 시도할 것이냐에 관한 실험이고,

게임2는 현재까지 당한 손실을 감수하고 더 이상의 손실은 싫으니 이제 그만 둘 것이냐 아니면 지금까지 손실을 보면서 버텨 왔는데 추가로 더 잃을 위험은 있겠지만 현재까지 잃은 손실을 만회하기 위해 그 위험을 감수하고 모험을 시도할 것이냐에 관한 실험입니다.

수많은 사람들에게 시행한 결과는 한결같이 게임1의 경우는 3000달러를 획득한 준결승에서 그만두고 게임2의 경우는 이미 손해 본 3000달러를 만회하기 위해 결승에 진출하는 선택을 한 것으로 나타났습니다.

그러니까 이익획득 게임에서는 3000달러를 잃지 않고 추가로 1000달러를 벌 수 있는 확률이 80%로 높음에도 불구하고 3000달러를 잃을 확률이 20%의 낮은 확률이라 하더라도 이미 확보한 3000달러를 잃을까 두려워 더 이상의 모험은 하지 않는다는 겁니다.

그러나 손실만회 게임에서는 3000달러를 잃고 추가로 1000달러를 더 잃을 확률이 80%로 높음에도 불구하고 어

차피 손해를 보았으니 기왕의 손해액인 3000달러를 되찾기 위해 20%의 낮은 확률인 손실만회에 도전한다는 겁니다.

(22)

스탠포드 심리학 교수 로젠한의 실험 2:
· 로젠한은 닻내리기 실험에서 진단오류를 행한 그 정신병원을 찾아가 3개월 안에 1명 이상의 가짜 환자를 보낼 것을 알림.
· 3개월 간 그 병원에 입원한 193명 중 41명이 도중에 멀쩡한 사람으로 판정받음.
· 로젠한은 가짜 환자를 1명도 안 보냈음.
· 실험 1에서 과잉진단이라는 정보 오독문제를 해결하고자 다른 문제를 야기

(23)

수십 번에 걸친 머그잔 실험:
· 같은 반 대학생들을 A와 B그룹으로 나누고 대학심벌이 박힌 머그잔을 A그룹에게만 주고, B그룹은 이를 살펴보게만 함.
· A그룹과 B그룹에게 각자 원하는 가격에 팔고 살 것을 지시
· 매도가격이 매수가격의 2배를 부름.
· 무언가를 포기해야 하는 상실감이 동일한 것을 얻는 기쁨보다 2배 큼.

　예문(22)의 실험은 로젠한의 실험1과 관련이 있어 그 내용을 우선 간략하게 소개하겠습니다. 로젠한은 화가, 정신과 의사, 대학원생, 주부, 3명의 심리학자 총 8명을 실험진행자로 삼아 그들로 하여금 어느 정신병원을 찾아가 거짓으로 귀에서 이상한 단어들이 들린다고 말하도록 했습니다. 그랬더니 그 병원에서는 그들을 전원 입원시켰고 그들에게 모두 2,100알의 약을 처방하였으며 심심해서 복도를 왔다 갔다 했을 뿐인데도 '불안증세'를 보인다는 진단을 했습니다. 이 실험의 목적은 정신병원에서 가짜 환자를 알아낼 수 있는지 여부를 파악하기 위한 것이었지만, 저는 우리의 닻 내리기 인지기제가 상당한 영향을 끼쳤다고 생각합니다.

　예문(22)는 상기 실험1에 뒤이은 실험입니다. 로젠한이 다시 그 병원으로 찾아가 가짜 환자를 보내겠다고 통보했더니 이제는 진짜 환자들을 멀쩡한 사람으로 진단하는 웃지 못할 희극을 연출하고 있습니다. 과거에 입은 명예손실의 회복에 집착함으로써 또 다른 문제를 일으키게 된 겁니다.

　예문(23)의 머그잔 실험에서는 머그잔에 그 대학교의 심벌을 새겨 넣음으로써 학생들로 하여금 갖고 싶은 욕심을 자아내게 한 다음, A그룹의 학생들에게는 그 머그잔을 공짜로 주고 B그룹의 학생들에게는 보게만 했습니다. 이 실험에서 A그룹의 학생들은 머그잔을 공짜로 받았음에도 불구하고 B그룹의 학생들이 사고자 하는 가격보다 2배나 더 비싸게 팔려고 한 사실에 주목해야 합니다. 이 실험은 일단 '내것'이 되고 보니 그 '내것'을 지키고자 하는, 즉 기득권을 유지하고자 하는 우리의 욕심을 그대로 나타내고 있습니다.

손실혐오-현상유지 정리

● 손실혐오는 손해 보는 걸 싫어해서 기존의 이익을 지키려고만 하고 추가적인 이익의 실현에 대해서는 소극적이지만 묘하게도 일단 손해를 보면 그 손해를 만회하기 위해 또 다른 손해를 볼 위험이 있는 행위도 불사하는 심리를 말합니다.

● 현상유지는 현재의 상태를 수동적으로 유지하는 것을 넘어서 현재 갖고 있는 정신적인 것 또는 물질적인 것을 고수하고자 하는 강한 욕망을 말합니다.

● 따라서 손실혐오와 현상유지는 불가분의 관계에 있습니다. 기존의 이익을 유지하고자 하는 것에 대해서는 같지만 손실혐오는 일단 손해를 보면 그 손해를 되찾기 위해 연속적으로 손해를 무릅쓰는 모험행위를 시도하고 현상유지는 기득권에 집착해서 그 어떤 변화에도 저항을 일으키는 것이 다릅니다.

● 손실혐오는 손실만회에 대한 집착이고 현상유지는 기득권에 대한 집착입니다.

● 손실혐오에 빠지면:
- 과거의 선택이 효과가 없음에도 그 과거의 선택을 정당화하는 또 다른 선택을 하고
- 대외적으로 낭패를 본 경우 그에 대한 명예회복을 위해 골몰하고
- 명예회복에 골몰하다 보니 보다 더 가치 있는 기회를 발견하지 못하고
- 깊은 수렁에 빠져 있을수록 더 많은 위험을 감수하고
- 자존심과 결부시켜 자신의 실수를 인정하지 않으려 합니다.

● 현상유지에 빠지면:

- 상황에 필요한 어떤 주의를 못 해서, 또는 늘어나는 책임 또는 예상되는 비판을 회피하기 위해서, 또는 자신의 자존심을 지키기 위해서 현 상황을 유지하려 하고
- 어떤 관계나 권리와 관습 등을 일단 소유하면 그것을 계속 유지하려 하고
- 기존의 일을 포기하면 이를 손실로 간주하기 때문에 기존의 프로젝트, 계획 등을 가급적 유지하려 하고
- 새로운 기회를 선택함으로써 발생할 수 있는 기회이익에 대한 고려를 하지 않으려 합니다.

● 손실혐오의 예는:

- 주식투자에서 손해를 보았을 때 손해를 만회하기 위해 그 손해주식을 계속 보유하거나 다른 주식에 공격적인 투자를 하는 경우,
- 어느 회사에 대한 불량채권을 보유하고 있는 은행이 그 대출금을 회수하고자 그 회사에 더 많은 자금을 대여하는 경우,
- 주어진 일을 실수하여 제대로 처리하지 못해서 창피를 당한 후 이를 만회하기 위해 이런저런 궁리에 골몰하는

경우를 들 수 있습니다.

● 현상유지의 예는:

- 학생들이 늘 같은 자리에 앉으려는 경향,

- 영업 사원의 권장으로 제품을 무심코 무료로 일정 기간
  사용해 보고 그 제품을 그대로 사용하는 경우,

- 기존의 복리후생 조건이 하향 조정되는 것에 대해 강렬
  히 반대하는 것,

- 조직 내에서 새로운 제도나 관행을 도입하려 할 때 이에
  대한 구성원들의 저항 행위 등을 들 수 있습니다.

틀짜기(Framing)

틀짜기 사례 1 & 2

(24)

확인편향 틀짜기

"주교님, 기도 중에 담배를 피워도 되겠습니까?" → "주교님, 담배를 피우는 중에 기도해도 되겠습니까?"

"이 수술을 받은 사람 100명 가운데 10명이 5년 이내에 죽었습니다." → "이 수술을 받은 사람 100명 가운데 90명이 5년 후에도 살아 있었습니다."

(25)

손실혐오 틀짜기

"당신이 에너지 절약을 실천한다면 연간 400달러를 절약할 것이다." → "당신이 에너지 절약을 실천하지 않는다면 연간 400달러를 잃을 것이다."

상기의 예문들은 상세한 설명이 필요 없을 줄로 압니다. 간략하게 설명해 보겠습니다.

우선 첫 번째 예문은 어느 교회의 두 신부가 기도 중에도 담배를 피워야 할 정도로 골초랍니다. 그래서 서로 의논 끝에 신부A가 먼저 주교님께 가서 승낙을 받아 보겠다고 건넨 말이 왼쪽의 표현입니다. 그러나 주교님이 펄쩍 뛰면서 안 된다고 했죠. 당연히 그러겠죠. 그러자 신부B가 이번엔 자기가 한번 시도해 보겠다 하고 가서 드린 말씀이 오른쪽 표현이고, 그래서 승낙을 받아 왔다고 합니다.

마찬가지로 두 번째 예문인 수술 건도 10명이 5년 이내에 사망한다는 표현을 했을 때보다 90명이 5년 후에도 살아 있을 거라는 표현이 더 환자들에게 수술 받을 의지를 적극 표명하게 했고 같은 질문을 의사들에게 해도 그들 역시 수술하고자 하는 의지를 적극 나타냈다고 합니다.

위의 두 표현이 상대방이 듣기 좋아하는 표현을 사용하는 확인편향의 심리를 이용한 것이라면 세 번째 예문은 '당신 무엇무엇 안 하면 손해 볼 거야' 하는 표현처럼 상대방이 손해 보는 것을 싫어하는 심리를 자극해서 얻어내고자 하는 것을 얻어내는 방법입니다. 즉 손실혐오 심리를 이용한 표현입니다.

(26)

자기과신 틀짜기

- 1970년대 초 멕시코에서 거대한 유전이 발견됨.
- 국민들의 기대감은 치솟고 일부 국민들은 사우디아라비아에 이어 세계 2위의 매장량이라고 주장
- 멕시코 대통령 포르티요는 부유한 나라의 대통령처럼 행동하기 시작
- 포르티요가 촉진한 자신감으로 6년의 임기 동안 멕시코의 GDP에는 55% 증가
- 1982년경 로페즈가 대통령 직에서 물러날 때 멕시코는 100%의 물가 상승률과 높은 실업률에 시달리고 부패와 절도가 만연
- 포르티요는 새로운 멕시코를 만들기 위해 아직 채취되지 않은 석유를 담보로 많은 외채를 빌렸기 때문임.
- 석유매장량도 심하게 과장되었음이 드러났고, 현재 매장량은 전 세계 매장량의 약 1%에 지나지 않는 129억 배럴
- 멕시코 사람들은 자국의 석유 매장량이 그렇게 적다는 사실에 놀람.

우리가 주변을 살펴보면 위의 예문처럼 허황된 자신감을 부풀려서 사람들로 하여금 장밋빛 환상에 젖게 했다가 어느 날 천당에서 지옥으로 떨어지는 것 같은 상황을 맞게 한 경우는 아주 많을 겁니다.

정치가들이 선거철만 되면 들고 나오는 선거공약, 근거 없는 칭찬으로 마음을 부풀게 하는 감언이설 등이 그 예가 되겠죠.

틀짜기 정리

● 틀짜기는 의사결정의 대상을 상대방의 심리적 상황에 맞게 그럴듯하게 표현함으로써 상대방이 그쪽 방향으로 의사를 결정하게 하는 인지기제입니다.

● 틀짜기는 의사결정의 결과는 같지만 상대방이 처한 심리적 상황에 따라서 그 심리상황에 부합되는 표현을 사용하는 겁니다. 상대방의 행동을 유도하기 위해 긍정적인 표현을 사용해야 한다면 그 이익부분을 부각시키고 부정적인 표현을 사용해야 한다면 그 손실부분을 부각시키는 표현기법이라고 할 수 있습니다.

● 따라서 틀짜기는 우리의 인지기제의 모든 면에서 작

동할 수 있습니다: (1) 확인편향 심리에 편승하여 상대방이 보고 싶고 듣고 싶어 하는 표현을 사용하여 상대방과의 동질감을 꾀할 수 있고, (2) 자기과신의 심리를 이용하여 상대방의 자신감을 부추기는 표현으로 그 사람이 갖고 있는 능력이상의 일을 하도록 꾈 수 있고, (3) 손실혐오 심리를 이용해서는 아무 행동도 하지 않으면 손해를 볼 수 있다는 점을 부각시켜 상대방의 행동을 유도할 수 있는 겁니다.

인지기제들 간의 상호작용
(Interactions between Cognitive Processes)

다음은 지금까지 설명된 인지기제들이 어떻게 서로 영향을 주고받는지를 나타낸 요약도해입니다.

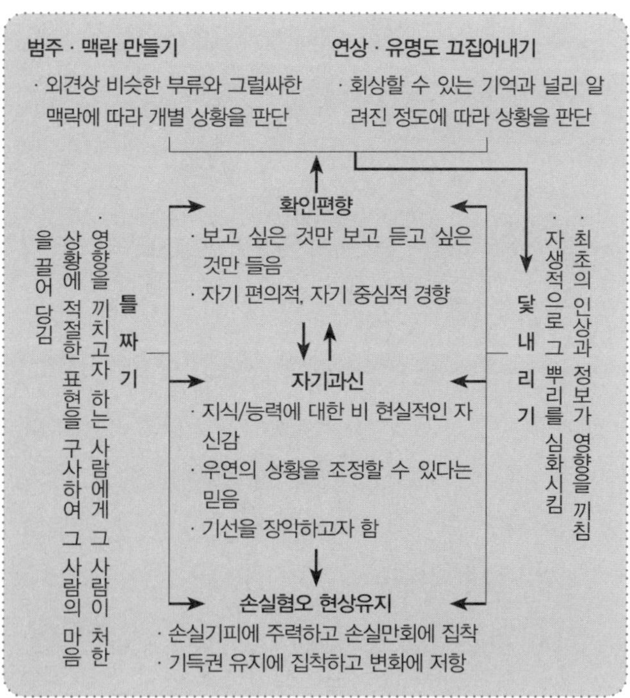

2

사실을 자기 입맛대로 해석하는 인지기제

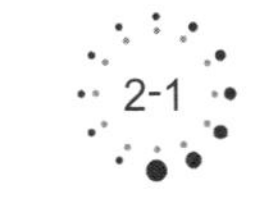

2-1

인지기제의 추론작용

사실 → 분석 → 통합 → 해석 → 판단 → 결정 → 대화

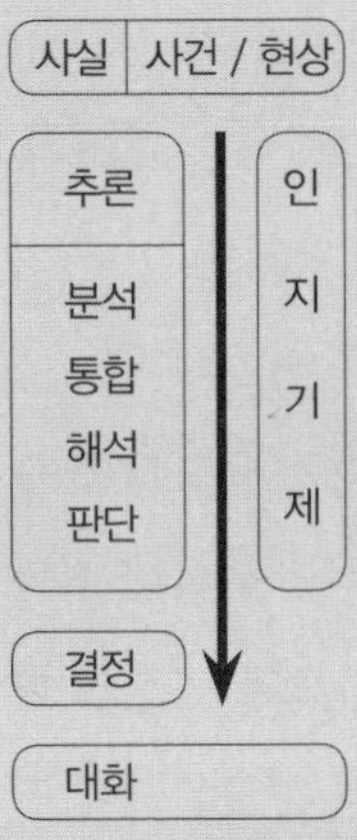

사실:

– 현실세계에 실제로 드러나거나 발생한 사건, 상황

– 누군가에 의해서 자의적 또는 인위적으로 어떤 의미나 의견이 덧붙여지지 않은 사건, 상황 그 자체

분석:

사실과 관련되어 있다고 생각되는 정보나 자료들을 모아서 개별적 특성별로 나누는 작업

통합:

서로 다른 특성을 갖고 있다고 분석된 정보와 자료들을 보다 큰 줄거리에서 연결시키는 작업

해석:

통합을 통해서 얻어진 맥락에 따라 사실에 개인이 자기 나름대로 부여한 의미

우리는 살면서 갖가지 사건, 상황을 보거나 겪게 됩니다. 이때 우리는 그 사건이나 상황을 액면 그대로 보려하지 않습니다. 우리는 우리 앞에 드러난 사건, 상황에 그간 자신이 나름대로 구축해 놓은 인지기제를 작동시킵니다.

갖가지 사건, 상황을 맞이하여 관련 자료나 정보를 수집하고 그 수집된 자료와 정보를 분석합니다. 분석된 결과에서 생기는 상호 범주나 연관성에 따라 자료와 정보를 통합해서 거기서 사건, 상황이 함축하고 있는 어떤 의미를 찾아냅니다. 나름대로 해석을 하는 것이죠. "누가 뭐뭐 하고 어떤 요인이 이렇게 저렇게 작용해서 지금의 어떠어떠한 일이 일어났고 이 일은 장차 미래에 이런저런 영향을 끼칠 것이다"와 같은 해석 말입니다.

이제 해석이 내려졌으니 자신의 이해관계에 따라 옳고 그름의 판단을 내립니다. "이건 옳은 일이다" 또는 "이건 잘못된 일이다" 하는 식이죠.

이제 분별이 섰으니 자신의 의사를 결정해야죠. "이건 틀렸으니 이렇게 고치자" 또는 "이건 잘된 일이니 더욱 발전시키자" 등등 자신의 확고한 의견을 세웁니다.

의견을 세운 다음에는 자신의 의견을 타인에게 받아들이게 하기 위해서 자신의 결정사항을 주장하게 됩니다. 주장을 하기 위한 방법이 바로 대화입니다.

주장에 대한 논리적 구성, 증거자료의 확보 등과 더불어 상대방의 정서적 상황까지도 고려해서 자신의 의견이, 자신의 결정내용이 상대방에게 받아들여지게 하는 절차가 바로 대화입니다. 의사결정까지의 과정이 한 점 허술함이 없이 잘 되었다고 해도 대화에서 무언가 삐끗하면 지금까지의 노력이 다 헛수고가 될 수도 있습니다.

어떤 상황이나 이론에 대해서 내가 판단하고 결정해서 주장하는 이유가 무엇이겠습니까? 많은 사람들에게 받아들여져서 동조가 되거나 이용이 되거나 해서 인정을 받기 위함이 아니겠습니까? 그런 면에서 본다면 대화는 정말 매우 중요한 의미를 가진다 하겠습니다.

인지기제의 역기능

가. 의미

우리는 우리가 살아가면서 처하게 되는 갖가지 상황이 자신에게 이익이 되는가 아니면 해가 되는가를 판단하기 위해 자신이 경험하고 학습한 내용을 바탕으로 마음속에 준거틀을 만듭니다. 진화 생물학계에 따르면 이러한 준거틀은 우리가 위급상황에 직면했을 때 우리로 하여금 빠르게 판단하고 행동할 수 있도록 도움을 주었기 때문이라고 합니다.

그래서 갖가지 상황에 대해 나름대로의 규칙성에 따라 범주와 맥락을 구성하는 것이 필요해졌습니다. 하나의 범주가 나타내는 대표적인 성질을 그 범주에 속하는 개체의 특성으로 간주하려 하고 A와 B라는 현상이 어떤 맥락에 따른 외형상 상관관계를 드러내면 A와 B가 서로 원인-결과의 인과관계가 있는 것으로 판단하려 합니다.

이러한 범주나 맥락은 자신이 배우고 경험한 것, 기억에 의해 회상할 수 있는 것, 세상에 널리 알려진 것을 바탕으로 형성이 되고 또한 이러한 것들이 세상에 더 많이 존재하고 더 많이 발생한다고 믿으려 합니다. 이렇게 해서 범주-맥락 만들기와 연상기억-유명도 끄집어내기의 인지기제가 형성이 됩니다.

원시시대에 외부상황에 민첩하게 반응해야 했던 우리는 외부상황이 주는 첫인상을 민감하게 받아들입니다. 왜냐하면 원시시대에는 처음에 잘못해서 그 이후에 2차, 3차로 불이익한 상황을 맞이한 경우가 허다했기 때문입니다. 이를테면 독초를 식용으로 잘못 알고 먹었다가 형제자매가 죽은 비참한 경우가 여러 번 있었을 겁니다. 이것이 닻내리기의 시초가 됩니다.

이러한 닻내리기 인지기제는 외부상황에 대한 우리의 반응심리이기도 하지만 이는 또한 내적으로 뿌리를 내려 자체적인 내면의 심리적 닻을 만들게 됩니다. 이에 따라 범주-맥락 만들기와 연상기억-유명도 끄집어내기는 닻내리기 효과와 맞물려 상승작용을 하면서 마음 깊은 곳에 닻을 내려 고정화 되며 향후 인지작용의 준거틀이 됩니다.

미래의 실행을 위한 계획을 세워도 자신이 세운 준거틀

의 범주에 들거나 맥락과 연결되는 현상에 관련되는 자료만 수집하고 분석하게 됩니다. 이제 확인편향의 영향을 받는 겁니다. 자신이 보고 배운 것이 더 많이 발생한다고 믿어 왔으니 당연한 귀결이 아니겠습니까?

게다가 자신이 세운 그 틀 속에서 자신의 주장에 유리한 증거만 찾으려 하고 보고 싶고 듣고 싶은 것만 보고 들으려 함으로 인해서 자신의 의견에 동조하는 사람들하고만 함께 지내려 합니다. 유사한 생각을 가진 사람들과 끼리끼리 어울리는 '영역을 특정'해서 어떤 집단적인 동질감을 느끼며 그 안에서 자신에게 좋은 소리만 들으며 심리적인 안락을 추구하게 됩니다.

이러한 확인편향에 대해 외부로부터 어떤 압박이나 저항을 받지 않으면 자신이 옳았다는 자기과신에 빠지게 됩니다. 이 자기과신은 다시 확인편향의 심리작용을 더욱 강화시켜주는 되돌림 영향을 미치기도 하죠. 확인편향과 자기과신의 양자가 서로를 강화시켜주는 악순환 구조가 형성됩니다. 다른 말로는 몰입상승작용이 일어나는 거라고 할 수 있습니다.

비슷한 의견을 갖고 있는 사람들끼리 서로의 의견을 주고받으면 어떻게 될까요? 확인편향의 인플레이션이 일어납니다. 집단적으로 편향된 의견이 득세를 하고 그에 반대하거나 수정을 가하려는 제안들은 이단으로 배척의 대상이 되고 그들만의 끼리끼리 칸막이 사고에 갇히게 되는 확인 편향의 집단 인플레이션이 일어나게 된다는 뜻입니다. '집단적 통일성'을 강조하는 조직은 다 예외 없이 집단 확인편향에 빠집니다.

어떠한 저항이나 압박이 없으니 불편함을 느낄 일이 없고 그래서 그 편안한 구역에 자신만의 안락지대를 구축하게 됩니다. 그러면 그 안에서 우물 안 개구리처럼 안주하고자 하는 손실혐오-현상유지 심리가 자연발생적으로 일어나죠. 이제 더 나아가 기득권을 지키려 하고 기득권에 안주하면서 추가적인 위험을 회피하니 결국엔 위험이 제공하는 기회이익 같은 변화도 추구할 생각이 없습니다.

이러한 자기과신은 미래 예측에 있어 상당한 오류를 낳게 만듭니다. 제한된 지식과 협량한 시각으로 세상의 변화를 보기 때문입니다. 우물 밖의 세상은 빠른 속도로 변화해 가는데 우물 안에서 보던 시각으로 우물 밖 세상을 보기 때문입니다. 자신이 현실 세상을 아주 많이 알고 있다고 생각하기 때문이죠.

작은 것을 바탕으로 큰 것을 판단하려 하고 좁은 것을 바탕으로 넓은 것을 결정하려 하니, 이러한 상황에서 손실은 불가피하게 됩니다. 어쩌다 한 번의 손실을 보면 이 손실을 만회하기 위해 보다 큰 모험을 하게 되는데 자기과신에 이은 손실혐오의 압박 심리는 분석과 예측에 있어 오류를 발생케 합니다. 손실혐오 심리는 손실회복이라는 빚을 청산하기 위해 모험에 더욱 더 과감하게 만들고 이러한 초조심리는 분석과 예측에 보다 큰 오류를 일으켜 오류의 악순환으로 이어지고 결국엔 손실의 수렁 속에 빠지게 됩니다.

틀짜기는 바로 이 인지기제의 역기능에 편승하여 그 위력을 발휘합니다. 확인편향, 자기과신, 손실혐오-현상유지의 심리를 유혹하는 적절한 표현과 상황의 구성으로 그쪽으로 마음을 빨려들게 합니다.

이 틀짜기는 만드는 사람의 의도에 따라 유익한 결과가 올 수도 있고 불이익한 결과가 올 수도 있습니다. 누군가 나에게 자주 사탕발림의 말을 한다면 한 번쯤은 의심의 마음으로 그 의도를 정확히 파악해 볼 필요가 있습니다.

나. 사례1: 2003년 우주 왕복선 컬럼비아호 폭발사건

2003년도에 우주왕복선 컬럼비아호가 폭발된 후 여러 각도로 그 원인을 분석한 논문들이 많이 나왔었습니다. 주로

(27)

사실:

이륙 후 82초 ➝ 연료탱크로부터 떨어져 나온 단열재 파편이 날개 앞 부분에 충돌 ➝ 구멍 ➝ 2주 간의 임무완수 후 지구 대기권에 재진입 ➝ 구멍을 통해서 고온가스의 내부 유입 ➝ 폭발

원인:

1. 단열재 파편:

이륙 당시 이를 발견 ➝ 이륙 후 재진입까지의 2주 동안 고칠 수 있었던 문제

2. NASA 상부조직:

- 파편의 날개 부분 충돌은 늘 있는 일 ➝ 대수롭지 않은 위험으로 간주
- 귀환한 후에 살펴보자는 관망태도 유지
- 파편 팀 엔지니어들이 파편의 충돌 부분을 파악하기 위해 추가로 선명한 사진을 요구했으나 수년 전부터 고장난 정밀 이륙 사진기를 고장난 채로 방치했고, 군사위성으로 추가 사진을 찍을 수 있었음에도 공식절차가 없다는 이유로 거절
- 1986년부터 17년 우주왕복선은 무사 귀환하였다는 믿음

인지기제:

범주–맥락발견법/닻 내리기/확인편향/손실혐오–현상유지

리스크 관리 차원에서 많이 원용되었죠. 두 번 다시 똑같은

위험을 되풀이해서는 안 되거니와 또한 향후 유사한 위험을 사전에 예방하자는 취지였었습니다. 하지만 저는 이를 우리의 인지기제와 연관시켜 설명해 보고자 합니다.

우선 단열재 파편이 날개 '앞부분'에 충돌한 것을 같은 범주의 날개 부분에의 충돌로 보고 대수롭지 않게 여겼다는 겁니다. 날개의 앞부분과 뒷부분의 재질은 다른데 다 같은 범주의 날개로 보았다는 것 자체가 우선 범주발견법의 영향을 받았다고 봅니다.

게다가 단열재 파편의 날개에의 충돌은 자주 있었지만 아무 사고가 없었음으로 인해서 '단열재 파편은 위험하지 않다'라는 믿음으로 바뀌었고 '위험하지 않다'는 은연중에 아무 조치를 취하지 않아도 되는 '안전하다'는 상관관계 맥락으로 바뀌었습니다. 위험하지 않은 것이 반드시 안전한 것은 아닌데 말이죠. 이러한 상관관계 맥락발견법으로 자생적 심적 닻이 내려진 데다가 그 닻 위에 과거에도 문제가 없었으니 앞으로도 문제가 없을 것이라는 또 하나의 맥락 발견법이 덧붙여진 거죠. 이것은 동전던지기 실험을 생각해보면 알 겁니다.

결정적인 건 아무래도 확인편향으로 보여집니다. 그 어떤 추가의 위험 분석도 하지 않고 과거의 것을 그대로 답습했다는 사실은 자신에게 유리한 것만 증거로 삼고자 하는 확인편향이 근저에 깔려 있다고 보는 거죠. 날개의 앞부분과 뒷부분은 재질이 다르므로 단열재 파편이 앞부분에 부딪치면 위험할 수도 있다는 증거를 찾으려 하지 않았다는 데에 문제의 심각성이 있고 확인편향의 핵심이 있는 겁니다.

왜냐하면 우주비행선의 사양이나 우주왕복선의 설계자는 이러한 단열재 파편의 충돌이 어느 상황 하에서도 용납될 수 없는 심각한 문제로 여기고 있기 때문입니다. NASA의 상부조직은 기존의 관점에 반대되는 것을 보고 싶지 않았으므로 날개의 앞부분에도 부딪칠 수도 있다는 가정을 하지 않게 된 겁니다.

이륙하는 모습을 선명하게 찍을 수 있는 정밀 이륙 사진기가 고장이 났음에도 불구하고 이를 수년간 수리하지 않고 방치한 것은 그러한 사진이 없어도 지난 17년 간 우주왕복선은 무사히 귀환하였으니 사진은 찍을 필요가 없다고 하는 확인편향이 또한 다른 각도에서 작동했습니다.

파편팀의 엔지니어들이 추가 사진을 요청했을 때 군사위성으로 추가로 선명한 사진을 찍을 수 있었음에도 불구하고 공식적인 절차를 밟지 않았다는 이유로 이를 거절한 것은 현상유지 인지기제의 작동임을 알 수가 있겠고 지난 17년간 무사귀환 하였으니 앞으로도 별 문제가 없을 것이라는 믿음은 또한 은연중에 상황이 악화되는 것을 예상하기 싫어하는 손실혐오의 인지기제가 작동했음을 알 수 있겠습니다.

다. 사례 2: 일본 대지진 구호활동의 지연

(28)

사실:

일본 대지진 피해자에 대한 구호활동의 지연으로 수많은 사람들이 굶어 죽거나 적시에 치료를 받지 못해 사망

원인:

· 먼저 실종자를 수색한다. ➔ 그리고 끊긴 길을 복구한다. ➔ 그 다음 구호물자를 보낸다.

· 구호품을 보내려는 기업은 재무제표를 제출하라. - 신뢰도

· 구호품을 전달하려는 자원봉사자는 이력서를 제출하라 - 자질

· 일본의 기술력을 최고다 ➔ 원전 사고의 확대

인지기제:

순차적 사고라는 맥락발견법/매뉴얼에 의한 확인편향/범주발견법/자기과신

해결책:

통합적 사고: 자위대, 자원봉사자, 구호물자가 피해지역에 동시에 감 ➔ 자위대가 길을 열고 물자와 봉사자를 태운 트럭이 뒤를 따름 ➔ 피해지역에 도착한 물자와 봉사자를 자위대가 관리

순차적 사고는 맥락 짓기의 또 다른 면입니다. 이를테면 A라는 현상이 일어난 다음에 B라는 현상이 일어나면 A는 B의 원인이라는 식의 순서에 따른 인과관계를 구성한다는 맥락 짓기 말입니다. 이런 인지기제에 따라 일본 관료사회는 문제 해결에 순차적 접근을 실행해 왔습니다. 그러나 이러한 순차적 사고는 사실 상황이 질서정연한 상태로 있을 때에나 가능한 일이 아니겠습니까? 이것저것이 엉켜있는 경우에는 그런 순차적인 접근법이 거의 먹혀들지 않죠.

구호품을 보내려는 기업에게 그 신뢰도를 점검하기 위해 재무제표를 요구한다는 건 전형적인 범주발견법입니다. 재무제표에서 나타나는 건전성을 가지고 구호품과 관련된 건전성으로 연결시키겠다는 발상입니다. 그러니까 재무제표에서 나타나는 대표적인 성질을 갖고 회사의 구호작업에 대한 신뢰성을 측정하겠다는 뜻이죠. 그러나 꼭 재정적으로 풍요한 회사만이 구호품을 보내는 일에 있어서 100% 신뢰할 수 있다고 할 수 있나요? 이는 재정적으로 풍요하지 않은 회사는 아예 구호작업에 발도 내밀어서는 안 된다는 의미가 아니겠습니까?

자원봉사자에게 이력서를 제출하라고 하는 요구도 같은 인지기제에 의한 사고입니다. 이력서에 나타난 여러 가지 경력이나 학력으로 그 사람의 자원봉사자의 구호능력을 평가하는 대표성으로 보기 때문입니다.

확인편향이 자신의 영역, 자신의 관행, 기존의 관습을 지원하는 정보만 보려고 하는 인지기제라는 측면에서 볼 때 이러한 위기상황이 발생했을 경우 위기상황에 대처하는 행동방법을 규정해 놓은 매뉴얼에만 철저하게 의지하는 일본 관료사회의 위기대처 방식은 뿌리 깊은 확인편향과 연결됨을 알 수 있겠습니다. 과거부터 늘 지켜오던 매뉴얼을 지키겠다는 생각만 하고 매뉴얼 이외의 달리 효율적인 대처방법이 있다는 것을 생각하지 않는 겁니다.

라. 사례 3: 네 명의 경관이 저지른 살인사건

(29)

사실:

아마도 디알로 – 1999년 당시 22세, 가나 출신 이민자, 맨해튼 저지대 14번가에서 노점상 일, 165cm의 키, 휠러가 1157번지의 비좁은 아파트 2층 거주

- 1999년 2월 3일 밤 자정, 건물 입구 층계에서 잠시 바람을 쐬고 서 있었음.
- '거리범죄 단속반' 소속의 경관 4명 중 하나가 이를 봄 → "가만 가만, 저 사람, 저기서 뭘 하고 있는거지?"

· "우리가 접근하자 출입문 쪽으로 뒷걸음질치는 모습이 꼭 눈에 띄지 않으려는 행동 같았습니다." → "경찰입니다. 말씀 좀 여쭐까요?"

· 말더듬이에 영어도 서툰 디알로는 대답을 못함.

· 방탄조끼를 입고 야구모자를 쓴 거구의 두 명의 경관이 다가감.

· 디알로가 사는 동네는 우범지대인데다가 최근 아는 사람이 무장 강도에게 당했다는 소문까지 들은 디알로는 무서움에 냅다 현관 안으로 뛰어듦.

· 왼손으로 손잡이를 붙잡았고, 몸을 옆으로 틀면서 다른 손으로 호주머니를 뒤졌음.

· "주머니에서 손을 빼!" 하고 두 경관은 소리를 질렀음 → 디알로는 점점 더 안절부절 못했음.

· 몸을 옆으로 트는 행동을 오른손을 감추려는 수작으로 오인한 두 경관도 초조해짐.

· "… 그리고는 오른쪽에서 시커먼 것을 꺼내려 했죠. 내 눈에 보인 것은 그 끝 부분뿐이었는데 꼭 검은 권총의 슬라이드 부분 같았습니다."

· "총이다! 저자가 총을 갖고 있어!"

· 디알로는 가만히 있지 않고 주머니에서 시커먼 물건을 빼내어 경관들을 향해 들어 올렸음.

· A가 먼저 사격 → B는 반사적으로 계단 아래 쪽으로 몸을 날렸다가 뒤로 나동그라지며 총을 쏨 → A는 B가 디알로가 쏜 총탄에 맞았다고 생각 → A는 사격을 퍼부음 → 가까이 있던 C도 디알로가 웅크렸던 몸에서 손을 뻗자 총이 보였다고 생각 → 총을 쏜 후에 사격 방향에서 벗어나려고 옆으로 뜀

인지기제:

a. 범주–맥락 발견법

● 경찰관들은 우범지대에 키가 작은 흑인 청년이 한밤중에 서있는 것을 보자 일단은 디알로를 우범자로 간주하고 무언가 수상쩍은 짓을 하고 있다고 생각합니다. 이는 우범지대와 흑인청년이라는 범주의식에다 한밤중이라는 맥락이 더해 일단은 우범자로 간주하게 된 것이라고 봅니다.

● 경찰관들은 또한 '디알로가 체구가 작음에도 불구하고 한밤중에 우범지대에 나와 있다는 건 총을 갖고 있는 것이다.'라고 판단하였습니다. 이는 우범지대, 한밤중, 작은 체구가 하나의 상관관계의 틀을 구성하고 있다는 반증이라고 봅니다. 다시 말해 작은 체구의 사람이 우범지대에서 한밤중에 밖에 나와 있다는 건 자신을 보호하기 위해 총을 갖고 있을 수밖에 없다는 상관관계의 틀에서 생각하고 있었다는 뜻입니다.

b. 확인편향

경차관들은 일단 의심이 들자 다음과 같이 디알로의 모든 행동을 자신들의 관점을 뒷받침하는 행동으로 인식했습니다.

● 디알로가 뒷걸음질 치는 모습을 몸을 숨기려는 행동으로 인식

● 디알로가 몸을 옆으로 비틀며 주머니를 뒤지는 행동을 총을 꺼내려는 행동으로 인식

● 디알로가 주머니에서 손을 꺼내면서 무언가 시커먼 것을 들어 올리는 행동을 총을 꺼내어 자신들을 향해 쏘려는 행동으로 인식

블링크에서 글래드웰은 1초도 안 되는 급박한 상황에서는 대부분 고정관념, 편견 등의 영향을 받을 수밖에 없다고 하는데요, 사실 이것은 바로 우리의 인지기제의 작동인 거죠. 우리가 만들어 놓은 인지기제가 우리가 상상했던 것 이상으로 뿌리가 깊다고 보아야 합니다.

마. 사례4: 보이스 피싱 사기

사실:

(30)

"A대학 김 교수님이시죠? 농협직원입니다. 통장이 해킹당했으니 잘 들으세요."

"확인이 필요하니 지금 즉시 신용카드번호와 비밀번호를 부르고 사고를 막기 위해 통장에 있는 돈을 불러주는 금융감독원 계좌로 모두 입금하셔야 합니다."

김 교수:

– 테스트로 천만 원 1차 송금

– 천만 원이 자신의 계좌로 재입금

– 안심하고 믿음.

– 4일 동안 총 2억 원 분할 송금

– 일부 금액이 자신의 통장으로 재입금 되기도 함.

범인:

– 김 교수 카드로 신용대출해서 일부는 김 교수 통장에 입금

김 교수:

– 대출금 포함 3억 4천만 원 피해

지방 국립대 김모 교수(여, 56)

인지기제:

손실혐오 틀짜기 / 닻내리기 / 확인편향

이때는 우선 농협 전산망이 해킹을 당해서 농협 전산망이 제대로 작동이 되질 않아 예금자의 예금인출이 임시로 정지되어 있었음을 이해하고 있어야 합니다. 따라서 김 교수는 농협전산망의 해킹은 곧 내 은행계좌의 해킹이라는 상관관계에 의한 맥락인지기제의 영향을 은연중에 받고 있었다고 봅니다. 이러한 맥락인지 기제의 영향하에서 '내가 갖고 있는 예금에 어떤 손해가 있으면 어떡하나' 하고 손실혐오의 인지기제 상태로 빠져 들었습니다. 범인은 손실혐오 틀짜기로 김 교수의 바로 이 민감한 부분을 건드렸습니다.

농협직원이라는 말과 통장이 해킹 당했다는 말은 즉각적으로 김 교수의 마음에 닻을 내렸습니다. '아차, 내가 예상했던 일이 결국 일어났구나' 하면서 한편으로는 자신의 예측력에 스스로 신통해 했을지도 모릅니다. 일단 닻내리기의 효과가 안착하자 그 다음부터는 일사천리로 진행이 되었습니다.

그 4일의 기간 동안 왜 농협의 본점이나 자기 주변의 사람들로부터 의견을 들어 반대되는 어떤 증거를 찾으려 하

지 않았을까요? 왜 자신의 은행계좌 자체에만 생각을 고착
시키고 있었을까요? 은행계좌라는 곳에 일단 닻이 내려지
자 그것은 하나의 기존 관점으로 굳어 버렸고 그 기존의 관
점을 지지하는 방향에서만 상황을 보게 만드는 확인편향이
작동한 겁니다.

인지기제의 역기능이 미치는 사회현상: 슈퍼밈(super-meme)

인지기제의 역기능은 레베카 코스타가 그의 저서 '지금, 경계선에서'라는 책에서 주장하는, 크나큰 사회적 병폐인 5대 슈퍼밈(super meme)과 연결됩니다.

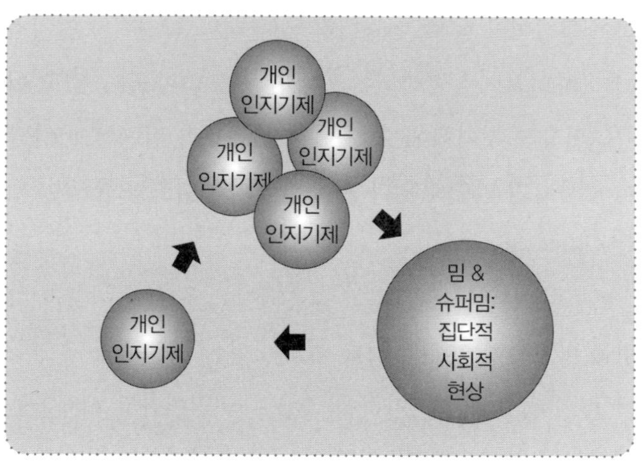

밈(meme)이란 일반적으로 사람들에게 인정되고 받아들여지고 이용되는 일종의 관념이나 현상과 같은 것으로서 상식, 패션, 전통, 편견, 통설, 통념, 학설, 이론, 지식 등 사람의 사고를 구조화하고 획일화하고 구획화하는 모든 것을 말합니다. 보다 많은 사람들이 수용하고 이용함으로써 '나'라는 개인의 판단과 행동에 영향을 끼치는 어떤 사회적인 현상이란 뜻입니다.

그러니까 인지기제가 개인이 왜 그렇게 판단하고 이해하는가에 대한 개인의 '사고틀'에 초점이 맞춰져 있다면 밈은 그러한 개인들의 사고틀이 모여 수많은 사람들에게 나타나는 사고틀 자체와 그 사고틀에 의해 발생하는 어떤 사회적인 현상이라 할 수 있습니다. 이를테면 '확인편향 인지기제'가 사회적으로 확산되어 있다면 이는 밈이 될 수 있고 이 확인편향 인지기제에 의해 사회가 동류의 집단별로 '칸막이식 사고'가 만연해 있다면 이 칸막이식 사고 또한 밈이 될 수 있습니다.

이 중에 사람들에게 널리 수용되어 있을 뿐만 아니라 사람들 마음속에 깊은 뿌리를 내려서 다른 모든 행동에 영향을 미치거나 억압을 가하는 것을 슈퍼밈이라고 레베카는 정의합니다. 그러니까 일부 집단이나 사회에서 통용되는 것이 아니라 전 사회적, 또는 전 국가적, 그리고 전 세계적으로 통용되는 밈을 슈퍼밈이라고 할 수 있습니다.

레베카는 사람들이

(1) 어떤 이슈가 생기면 대안 없이 무조건 반대만 하려고 한다.

(2) 시스템상의 착오로 일어난 문제를 사람 탓으로 돌려 '속죄양'을 찾는다.

(3) 잘못된 상관관계를 상호 인관관계가 있다고 믿는다.

(4) 매사를 자기 영역과 입장에서만 생각하려는 편향된 사고를 한다.

(5) 사회의 모든 가치를 경제원리로 생각하고 그것이 합리적이라고 믿는다.

와 같은 슈퍼밈에 직면해 있다고 질타하고 있거니와 이는 전부 구획화된 사고습관의 탓이라고 주장하면서 이를 근절하지 않으면 인류가 향후 회복할 수 없는 문명의 쇠락에 돌입한다고 깊이 우려하고 있습니다.

결국,

레베카의 밈은 결과현상이고 우리의 인지기제는 이러한

밈을 일으키는 원인작용이라고 할 수 있습니다. 밈을 어떻게 선순환적인 사회현상으로 돌려 놓을 수 있을 것인가의 문제는 바로 우리의 인지기제를 어떻게 폐쇄이기형의 상태에서 개방공생형의 상태로 바꿀 수 있는가와 직결됩니다.

따라서 다음 장에서는 인지기제의 역기능을 극복할 수 있는 방법은 무엇인가를 다루고자 합니다.

3

인지기제의
역기능을 극복하는 길

1단계: 진심과 '알리고-구하기' 피드백의 힘을 이해한다

우리의 인지기제는 어릴 때부터 보고 배우고 경험한 것들이 축적되어 형성되었기 때문에 어릴 때부터 현재까지 자신이 맞닥뜨렸던 사건들을 끄집어내서 그것들로 인해 내가 처해진 상황, 그리고 그 상황을 내가 어떤 생각을 갖고 어떻게 처리해나갔는지를 살펴보아야 나에게는 어떤 인지기제가 어떻게 형성되었는지 파악할 수가 있습니다.

간단한 예로서 내가 직장에서 지속적으로 성공 가도를 달려오다가 어느 시점에 와서는 성장이 멈추거나 커다란 실패를 맛보았다면 지속적인 성공이라는 상황이 자신에게 지나친 자신감을 심어 주었고 이러한 자기과신은 자신의 적성에 맞지 않는 일에 무모하게 도전하게 하여 실패를 맞게 했을 가능성이 큽니다.

이렇게 해서 나를 덮어 싸고 있는 인지기제를 한 꺼풀씩

걷어내서 그것이 나에게 끼친 순기능과 역기능을 알아낸 다음 순기능은 살리고 역기능은 죽이는 방법을 생각해야 합니다.

역기능을 죽이는 방법이 바로 나의 진심체계를 확립하는 것입니다.

왜냐하면 진심체계는

(1) 내 마음 깊은 속에서 우러나오는 진심(거짓이 없는 참된 마음)을 갖고

(2) 지금껏 내 마음을 닫게 만들었던 인지기제를 파악하게 하고

(3) 그 인지기제를 극복하게 하면서 동시에 내가 신봉할 수 있는 근원적인 나의 신의원칙을 확립한 위에

(4) 다른 사람들이 처한 입장과 그에 따라 일어나는 마음에 공감함을 통해서

(5) 그들에게 실질적인 도움을 주고자 하는 배려의 행동을 하게 함으로써

(6) 나의 마음과 다른 사람들의 마음을 유기적으로 연결해주는 체계이기 때문입니다.

이에 반하여 인지기제의 역기능은 다른 사람들과의 관계에 있어 공감과 배려보다는 보다 더 자신의 입장에 충실하게 만듭니다. 다시 말해서 진심체계가 사람을 개방적이고 외연적으로 만든다면 인지기제의 역기능은 사람을 폐쇄적이고 자기중심적으로 만들기 때문입니다.

따라서 인지기제의 역기능을 극복하기 위해서는 무엇보다 자신의 마음 깊은 곳부터 살펴보아야 합니다. 이는 진정한 나의 모습을 탐구하는 것으로서 진실한 자아, 즉 나의 진심을 파악하는 것입니다. 그 다음으로 내가 어느 인지기제의 영향 하에서 선택과 결정을 하고 행동해 왔는지를 파악해야 함은 물론 내가 타인과의 관계에서도 내가 어느 인지기제의 영향을 받아 그 사람을 상대하고 있는지를 전반적으로 살펴보아야 합니다.

게다가 나의 진심체계를 확립하는 과정에는 '알리고-구하기' 피드백 과정이 필수적으로 요구됩니다. 왜 그럴까요? 이 알리고-구하기 피드백 과정이 바로 인지기제의 역기능이 갖는 폐쇄적이고 자기중심적인 성질을 개방적이고 외연적으로 만들기 때문입니다. 이 알리고-구하기 피드백 과정의 효능에 대해서는 후술하겠습니다만 무엇보다 큰 가치는 인지기제의 역기능이 갖는 가장 큰 폐해인 '나의 독단'을 막

아주는 데 있기 때문입니다.

따라서 인지기제의 역기능을 극복하는 길에 관해서는 다음과 같은 순서로 진행하고자 합니다.

1단계 진심과 '알리고-구하기' 피드백이 갖는 힘을 이해한다.

2단계 내 마음 속의 인지기제를 고찰한다.

3단계 나의 진심을 체계화 한다:

(1) '구하기' 피드백을 통한 나의 맹점지역 파악

(2) 인지기제 고찰 결과와 성찰을 통한 나의 기본 파악

(3) 나의 배우고 일하는 방식 파악

(4) 나에 관한 총괄 관찰

(5) 나의 진심체계 예비 정립

(6) '알리기' 피드백을 통한 진심체계 확정

가. 진심에 대한 정의

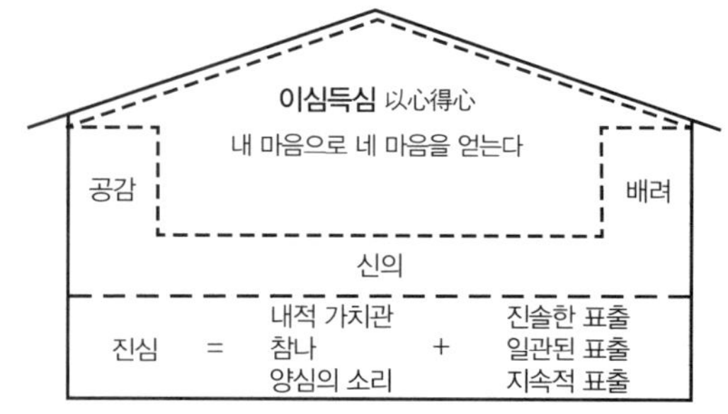

(31)

"지금이야말로 서로 화합할 수 있을 때라고 생각했다."

"더 늦기 전에 사죄하고 싶었을 뿐."

"4.19 민주묘역 참배와 헌화를 무력으로 저지당한 데 대해 유감으로 생각한다. 그분들의 심정을 충분히 이해한다."

이승만박사기념사업회

이인수 박사(80)

"남의 제사에 허락도 없이 51년 만에 언론을 통해 오겠다고 한 다음 성명서를 발표하는 게 말이 되느냐?"

4.19 민주혁명회

4.19 혁명희생자유족회

4.19 혁명공로자회

예문(31)은 이승만 초대 대통령의 양아들인 이인수 박사가 4.19 혁명 50주년 만에 4.19 혁명 당시에 죽은 희생자들에 대한 사죄의 뜻으로 4.19 민주묘역에 참배하고자 했었을 때 4.19 혁명희생자유족회 등 4.19 단체들이 이인수 씨의 묘역 참배를 저지한 사건을 보도한 기사내용의 일부입니다.

이 사건은 진심어린 행동은 어떻게 나타나야 하는가를 단적으로 보여주는 하나의 극명한 사례라고 봅니다. 이인

수 박사는 자신이 진심으로 사죄의 마음을 갖고 있었는지
는 모르겠습니다만 문제는 그 표현의 방법이 관련 유족회
의 마음을 움직이는 못했다는 데 있습니다.

유족회 사람들의 말처럼 언론을 통해 오겠다고 발표한
다음 성명서를 발표하는 행위를 보고 과연 누가 거기에서
진심을 발견하고 공감해서 그것을 받아들일 수 있을까요?
그것도 51년 만에 하는 사죄를 말이죠.

대외적으로 성명서를 발표하기 전에 관련 유족회를 방문
하고서 '내가 이런저런 뜻으로 사죄를 하고 싶은데 어떻게
사죄하면 좋겠습니까?' 하고 우선 사죄의 마음을 진실하게
나타냈어야 합니다. 그 다음 사죄의 방법을 관련 유족회 사
람들과 진지하게 상의를 했어야 합니다.

'사죄하겠다' 하고 언론을 통해서 먼저 성명서 발표하고
묘역에 가서 헌화하면 사죄를 다한 것으로 생각한다면 사
람들은 이에 대해 어떤 진심을 읽지 못하게 되는 거죠. 사
죄의 진심성에 대해 다른 사람들로부터 믿음을 이끌어 내
지 못했습니다. 진심이 담긴 마음을 보여 주는 데 실패했고
그래서 공감이 없었고 그러니 상대방에서 배려가 있을 턱
이 없죠.

이승만 박사 기념사업회가 '그분들의 심정을 충분히 이

해하고' 있고 진정 사죄의 마음을 표현하고 싶다면 뒤늦게라도 유족회를 방문하여 다시금 사죄의 방법을 논의해야 합니다.

왜 진심이 중요한가를 우선 알아보기 위해 간략한 예를 들어 보았습니다만, 사실 위의 경우는 쌍방 간에 관계맺음이 오래 지속되지 않는 1회성의 관계라고 볼 수 있습니다. 우리 인간 사회에서의 관계맺음이 대체로 다양하고 오래 지속되는 점을 고려할 때 우리는 이 진심에 대해 일관하고 지속하는 힘을 갖도록 정교하고 체계적인 생각을 할 필요가 있습니다. 1회성의 관계에서도 진심은 큰 힘을 발휘하는데 지속적인 관계에서는 보다 더 큰 힘을 발휘할 수 있기 때문입니다.

사람들은 한결같이 정직과 성실을 바탕으로 한 자신의 속마음을 진실하게 나타내는 사람들을 좋아합니다. 좋아할 뿐 아니라 그러한 인격을 갖춘 사람들이 보여주는 말과 행동을 모델로 삼아 본받으려는 노력을 하기도 하죠. 왜냐하면 진실한 사람들은 바로 타인에게 믿음을 주기 때문입니다. 의리를 지킨다는 믿음, '이리 갔다 저리 갔다' 하는 불안함을 주지 않는 믿음, 앞으로의 행동을 예측하게 할 수 있는 믿음을 주기 때문입니다.

진심의 표현은 그야말로 자신의 진정한 모습을 보이는 시점부터 그 의미가 살게 됩니다. 진정한 자신의 마음가짐, 행태, 사고과정 등이 자신의 마음속에 숨어서 드러나지 않으면 타인이 이를 알 수가 없고 알 수가 없기 때문에 그 타인은 나에 대해 어떻게 대화하고 대응할지를 모르게 되기 때문입니다. 진정한 자신의 표현은 부지불식간에 자신이 말과 행동으로 드러내고 이에 따라 타인이 일정한 패턴으로 이를 인지하게 됩니다.

그렇습니다. 진심은 '내가 진심을 보여야겠다' 하는 어떤 의도에 의해서 나타내지는 게 아닙니다. 그저 무의식적으로 자연스럽게 드러나야 합니다. 자신의 마음속에 내재화되고 내면화되어서 깊은 샘에서 샘물이 솟아올라 아래로 흐르듯이 그렇게 마음 깊은 곳에서 솟구쳐 올라와야 합니다. 그래서 그 물을 마시는 사람들이 청량감을 느끼듯이 그러한 상쾌함을 주어야 합니다. 이러한 차원에서 진심어린 행동은 무엇인지를 정의해 보겠습니다.

- 진심 그 자체는 거짓이 없는 참된 마음이다.
- 진심은 마음 속 깊은 곳에서 자신에게 말하는 '양심의 소리'다.

● 진심언행은 타인에게 신의를 지키고자 하는 '양심의 소리'의 진솔한 표출이다.

● 진심언행은 정직과 성실을 바탕으로 한 진실한 인격의 표출이다.

● 진심언행은 확고하게 정립된 내적 가치관의 진솔한 표출이요, 일관하는 표출이요, 지속하는 표출이다.

● 진심언행은 내가 판단하는 속성이 아니라 타인이 나의 언행을 관찰한 후에 느끼는 속성이므로 신의와 공감과 배려를 필요로 한다.

진심이 내적인 자아의 진솔한 표출이고 이러한 진심의 진실성을 인정해주는 객체는 바로 타인입니다. 그 타인이 그 진심의 진실성을 인정하고자 할 때 그 인증 잣대가 바로 신의가 됩니다. 신의를 지키는 행동을 통해서 그 사람이 진심을 담았는지 안 담았는지를 읽어 냅니다. 진심은 신의를 지키는 행동을 통해서 그 진실성이 관찰되고 신의는 진심을 통해서 그 가치가 인증됩니다. 이처럼 진심과 신의는 불가분의 관계에 있습니다.

자, 우리는 대인관계에서 가장 중요한 가치는 신의라고 말할 수 있고 이 신의는 바로 진심이 그 근저에 깔려 있어야 한다는 점에서 진심과 신의의 그 밀접성을 이해하게 됩니다. 그렇다면 신의와 공감, 그리고 배려는 또 어떤 관계가 있는 걸까요?

핵심은 신의가 타인 지향적이라는 데 있습니다. 타인에 대해 신뢰와 의리를 지키는 행위가 곧 신의라는 면에서 볼 때, 신의는 타자와의 관계에서 발생하는 것을 말해줍니다. 내가 일방적으로 '신의를 지켰다' 하고 선언을 해서 될 일이 아닌 거죠. 상대방이 원하지도 않는데 자기편의적인 방식으로 뭔가를 해주고서는 신의를 지켰다고 말할 수는 없다는 겁니다. 이런 면에서 신의의 표출은 타인이 관찰한 후에 '그래 맞아. 그 사람 참 신의가 강한 사람이야' 하는 것과 같은 공감이 있어야 하는 겁니다.

타인이 처한 입장이나 상황에 공감하고 그에 적절한 신의의 행위가 배려라는 구체적 행동으로 표출되어 상대방이 이를 다시 공감으로 응답했을 때 신의의 정신은 그 진실성을 인정받습니다. 신의는 공감과 배려가 있어야 그 존재가치가 인정을 받는다는 뜻입니다.

여기에 더하여 진실한 마음, 즉 진심이 또한 공감과 배려를 받쳐주어야 그 공감과 배려도 상대방으로부터 진실한 인정을 받을 수가 있습니다. 진심이 없는 공감과 배려는 그저 단순한 말장난이나 형식적인 행동으로 인식되기 때문입니다. 그러니까 진심은 신의와 공감과 배려의 가장 밑바닥에서 이 세 개의 개념을 떠 받쳐주는 역할을 해야 한다는 것이 명백해집니다.

이렇게 해서 진심과 신의와 공감과 배려는 사회적 속성상 그 관계의 밀접성으로 인해 제가 앞으로 주장하는 진심 체계의 4대 구성요소가 됩니다. 이 4개의 구성요소가 유기적으로 연결되어 일사불란하게 움직일 때, 그 때에 비로소 이심득심, 즉 내 마음으로서 네 마음을 얻는 경지에 이르게 됩니다.

이 이심득심의 경지는 개인이나 조직이나 그 목적하는 바를 이루는 데 막강한 힘을 발휘해왔습니다. 앞으로 설명을 전개해 나가면서 적절하게 그 예들을 보여 드리겠습니다.

나. 진심이 갖는 힘

사례 1: 서울대 융합 과학 기술원장 안철수 교수

(32)

"외환위기 이전에 미국 백신회사에서 안철수 연구소를 무려 1,000만 달러에 인수하겠다고 했는데 거절하신 이유는 무엇입니까?"

"아무리 큰 금액이라도 국내 소프트웨어 산업보호와 직원들에 대한 책임감 앞에서는 수용조건이 되지 못했습니다. 현실감각이 부족한 편이라 꿈을 먹는 '이상주의자'라는 얘기를 듣게 되었지만 말입니다."

"의사에서 백신전문가로 또 학생에서 교수로 커리어를 전환하면서 원하는 일을 하셨습니다. 그런 힘은 어디서 나온 것입니까?"

"의미있는 일, 재미와 열정을 유지할 수 있는 일, 내가 실제로 잘할 수 있는 일, 이 세 가지가 저를 전진하게 하는 힘입니다."

"초심을 잃지 않고 항상 새로운 것에 도전하기 위해서는 어떻게 해야 합니까?"

"세포가 살아 있기 위해서는 불안정 상태를 유지해야 한다는 것을 알았습니다. 세포는 살기 위해서 끊임 없이 세포 안으로 들어오는 소금을 밖으로 퍼냅니다. 영원한 안정은 죽음 뒤에야 찾아옵니다. 세포나 생명, 그리고 인생의 본질이 불안정이란 것을 받아들인다면 왜 끊임없이 도전해야 하는지를 알 수 있습니다."

예문(32)는 컴퓨터 신동으로 알려져 있는 어느 고교생이 안철수 교수에게 자신의 진로에 대한 피드백을 구하기 위해 안 교수에게 한 질문과 그 질문에 대해 안 교수가 답변을 한 내용입니다. 안철수 교수는 전에는 의사이자 안철수 백신 연구소 소장이었고 현재는 서울대 융합과학기술원 원장으로 재직하고 있습니다. 안 교수는 한 설문조사에서 20~30대 직장인이 원하는 멘토 1위에 뽑힐 정도로 그 영향력이 심대합니다.

안철수 교수에게 1,000만 달러라는 돈은 국내 소프트 산업 보호라는 신의, 회사 직원들에 대한 신의라는 원칙 앞에 아무 값어치가 없었습니다. 안철수 교수는 바로 자신만의 내적 가치관을 세우고 한결같이 그 가치관을 충실하게 지킨 겁니다. 속 따로 겉 따로 움직이지 않고 속과 겉이 한결같이 같이 움직인 겁니다.

직업을 바꿀 때도 직위나 금전에 따라 바꾼 것이 아니라 의미 있는 일, 열정을 바칠 수 있는 일, 자신이 가장 잘할 수 있는 일이라는 자신의 가치관에 적합한 직업을 선택했습니다. 새로운 것에의 도전도 항상 이 가치관에 의한 것임을 알 수가 있습니다. 다시 말해서, 1,000만 달러에 대한 유혹을 거절할 때나 직업을 바꿀 때나 새로운 일에 도전할 때나 한결같이 자신의 가치관, 자신의 양심의 소리에서 벗어나지 않고 진솔하게 일관되게 지속적으로 그 가치관을 지켜왔음을 알 수 있습니다.

여기에는 신의를 지키고 공감하고 배려하는 마음이 마음 먹는 것에서 끝나지 않고 현실에 구체적인 행동으로 이어지는 진심의 표출이 있음을 알 수가 있습니다. 국내 소프트 산업 보호라는 신의, 직원들에 대한 책임이라는 신의는 바로 국내 소프트 산업이 처해 있는 상황에 대한 공감, 회사 직원들이 처하게 되는 입장에 대한 공감이 없었더라면, 그리고 나아가 1,000만 달러를 거절하는 구체적인 배려의 행동이 없었더라면 가능할 수가 없었기 때문입니다.

사례 2: 광복 독립군 김준엽 전 고려대 총장

(33)

"첫째, 노태우 당선자를 두 번 만난 일은 있지만 잘 모른다. 덮어 놓고 중책을 맡는 풍토는 고쳐져야 한다. 둘째, 국정자문회의 의장을 맡게 되는 전두환 씨에게 총리로서 내 머리가 100개 있어도 고개를 숙일 수 없다. 이건 내 개인의 문제만이 아니다. 내가 전 씨 앞에서 굽실거리는 모양을 TV를 통해 보는 국민들, 특히 젊은 사람들은 실망할 것이다. 셋째, 나는 지난 대선 때 야당 후보자를 찍었다. 넷째, 나는 교육자다. 이 나라 민주주의를 외치다 투옥된 많은 학생이 아직도 감옥에 있다. 제자가 감옥에 있는데 스승이라는 자가 어떻게 그 정부의 총리가 될 수 있겠는가. 다섯째, 지식인들이 벼슬이라면 굽실굽실하는 풍토를 고쳐야 한다. 좀 건방진 말이긴 하나, 나 하나만이라도 그렇지 않다는 증명을 보여줘야겠다."

이 말은 '영원한 광복군'이자 '꼿꼿한 지성'이라는 칭호를 갖고 있는 김준엽 전 고대 총장이 한 말입니다. 노태우 전 대통령으로부터 국무총리직을 제의받고 거절하는 이유를 밝힌 건데요, 그 뜻이 참으로 숙연하게 만드는군요.

일제 강점기 학병 탈출 1호, 이범석 장군의 부관으로 항일 무장 독립운동을 펼쳤던 투사, 미전략사무국(OSS: Office of Strategic Service)의 특수훈련을 받은 정예 독립투사, 해방 후 1세대 중국학 공산주의 전문가, 역사학자, 총장 등의 이력을 지닌 김준엽 총장은 초대 총리 이범석 장군의 영입 제의, 4.19 혁명 후 장면 내각의 주일대사 제의, 5.16 군사혁명 후 김종필의 공화당 사무총장 제의, 1974년 박정희 대통령의 통일원 장관 제의, 노태우 대통령의 국무총리 제의, 김영삼 대통령의 국무총리 제의 등을 다 거절했습니다. 오랜 세월의 기간 동안 최초의 의지를 진실하게 일관하여 실행하는 그 정신에 머리를 숙이지 않을 수 없습니다.

또한 그는 1980년 광주 민주화운동 이후 대학가 데모가 끊이지 않던 시절, 데모 주동자를 징계하라는 압력에 '내가 그만 두겠다' 하고 버텼고 그 바람에 '김준엽 총장 사퇴 반대' 시위가 1개월 넘게 이어지기도 했습니다.

그야말로 자신만의 가치관을 세워 꼿꼿하게 지켜나간 지

조를 갖춘 분이라고 하겠습니다. 그래서 1985년 고대 총장 직을 떠났음에도 '영원한 총장', '지성의 절개'란 수식어가 늘 따라다녔고 그를 아는 모든 사람들이 그를 존경하고 따르지 않을 수 없었다고 합니다.

우리는 여기서 김준엽 총장의 학생들의 입장에 대한 공감, 학생들을 다치지 않게 하려는 배려, 교육자로서 학생들에 대한 신의, 그리고 사회정의에 대한 신의의 정신을 읽을 수가 있습니다. 이러한 공감, 배려, 신의에 대해 자신의 진심이 진실하게 담기지 않고서는 그렇게 일관되게 행동으로 구체화되지 않을 것이기 때문입니다.

신의, 공감, 배려의 정신이 진심을 구성하는 3요소이면서 이 3요소의 교집합이 또한 진심의 힘을 현실세계에 나타나게 함을 알 수가 있습니다.

사례3:
윤호일 남극 대장의 정직-균형감각-사람냄새 리더십

(34)

· 일단은 부하를 안심시켜요. "아무 것도	VS	· 진심을 말하고 정면 돌파하는 거예요.

아니다. 금방 날씨 좋
아진다. 힘을 내자.”
· 그렇게 해서 24시간
을 버틴 후 부하가 또
물어요. “언제 구조됩
니까?”
· 리더가 12시간이 지
났을 때 “곧 좋아진
다”라고 말해요.
· 부하는 희망을 갖고
리더에게 의지해요.
· 리더는 다시 “조금만
더 참자”라고 말해요.
· 이렇게 해서 48시간
이 지났어요. 이때도
리더가 “몇 시간만 참
으면 된다”라고 말하
면 부하들은 견딜 힘
이 남아 있을까요?

VS

“잘 들어라. 남극에
눈보라가 한번 불면
최소 3일은 간다. 그
전에 그친 적은 없다.
다른 나라 탐사 대원
들도 수년 전에 탐사
활동을 하다가 조난
을 당했으나 만 3일
이상을 다 참았다. 다
살아났다.”
· “3일은 기본이래. 다
버텼고 다 살아났대”
라고 스스로 동기를
부여했어요.
· 12시간이 지났을 때
대원들은 두려웠어요.
“그래도 3일이 되려
면 아직 멀었어. 중국
놈들도 살았는데 나
라고 왜 못살아?” 그
들은 다시 동기부여
를 하고 스스로 움직
였어요.

예문(34)는 2003년 12월 남극기지의 부대장이 부하 2명과 함께 남극바다에서 기지로 귀환하던 중 폭풍설을 만나서 조난당한 사건에 관한 이야기입니다.

남극에서는 바다 위에서 조난당했을 때 일단은 빙하 위로 올라가서 구조를 기다리는 게 상책이라고 합니다. 왜냐하면 유빙을 피해서 바다 위를 떠돌게 되면 결국엔 수심 5천 미터의 남극해로 흘러가게 되고 거기서 집채만 한 파도를 만나 파도에 휩쓸리게 된다는 겁니다. 그리고 적어도 48시간 이내에 구조가 되어야 하는데, 그 이유는 48시간은 남극의 여름철에 밖에서 인간이 버틸 수 있는 한계시간이기 때문입니다.

조난 초기에 부대장은 눈보라 속에서 보트에 시동을 걸고 바다 얼음을 꾹꾹 눌러대면서 죽을 힘을 다해 유빙을 헤쳤지만 유빙이 고무보트에 구멍을 내버렸습니다. 구멍 난 고무보트, 바닥난 연료통을 가지고 더 전진하면 집채만 한 파도가 기다리고 있는 남극해로 흘러들어가 결국엔 침몰할 수밖에 없는 상황이었습니다.

그래서 부대장은 부하 2명과 함께 빙하 위로 몸을 던졌습니다. 식량도 없었고 온몸이 젖었으며 추위와 싸우던 어린 부하 두 명은 너무 견디기 어려웠습니다. 처음 이런 조난을

당한 어린 부하들은 두려움 속에서 부대장에게 물었습니다. "언제 구조대가 옵니까?"

이러한 상황에서 여러분은 예문(34)의 왼쪽 방안과 오른쪽 방안 중 어느 것을 택하겠습니까? 예문에서 이미 답을 제시하고 있습니다만 부대장과 그 일행은 3일을 버텨서 결국엔 구조되었다고 합니다.

우리는 여기서 위기의 상황에서도 진심의 힘은 역시 매우 크다는 것을 알 수 있습니다.

다. '알리고-구하기' 피드백에 대한 정의

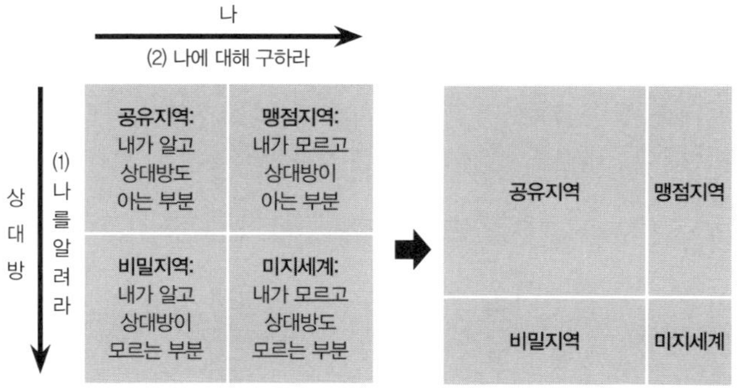

위의 도형은 심리학계에서 오래 전부터 의사소통의 모델로 유명한 '조해리 창(Jo-Harry's Window)'입니다. 이를 응용

하여, '인지기제의 역기능을 극복하는데, 왜 조해리 창이 활용되어야 하는가?' 하는 측면에서 설명을 하겠습니다.

맹점지역은 나에 대해 상대방은 알고 있는데 나는 모르는 부분을 말합니다. 이는 대체로 내가 상대방을 의식하지 못하고 자기위주로 행동을 할 때 드러나는 부분이라고 할 수 있습니다. 이를테면 상대방이 나에 대해 '너는 왜 그렇게 고지식하기만 하고 유연하지 못하니?' 했을 때 '무슨 소리야? 내가 얼마나 상황에 따라 유연하게 대처하는데?' 하고 내가 그 평가를 인정하지 못하면 이는 맹점지역이 됩니다.

주로 이 맹점지역에서 우리의 인지기제의 폐쇄성이 드러나는 곳이죠. 평소의 사고와 행동 습관대로 상대방에 대해 아무 공감과 배려도 없이 말하고 행동하게 되면 이 맹점지역은 상당히 큰 지역을 차지하게 되고 상대방과의 관계에서 많은 문제를 야기하곤 합니다. 더 심각한 문제는 본인 자신이 이를 잘 모른다는 데 있습니다. 알면 고치려는 노력이라도 할 터인데 모르니까 고치기는커녕 점점 더 확신을 갖고 그 문제의 방향으로 가속 페달을 밟게 되는 데에 심각한 문제의 핵심이 있는 겁니다.

비밀지역은 나에 대해 나는 알고 있는데 상대방이 알지 못하고 있는 부분을 말합니다. 이는 주로 내가 나에 관해 상대방에게 의도적으로 말하지 않아서 실제로 상대방이 이해하지 못하고 있는 부분이지만 또한 내가 나 자신에 대해 확신하고 있는 부분을 상대방이 어떤 연유로 인해 잘 인식을 못하고 있는 부분도 포함합니다. 이를테면 나는 나 자신에 대해 대범하다고 생각하고 있었는데 상대방이 나에게 '너는 이따금씩 좀 소심하게 행동하더라' 하면 이는 자신의 행동표현 방법에 문제가 있거나 아니면 오히려 맹점지역에 속하는 것을 자신이 모른 채 비밀지역에 속한다고 생각할 수 있는 거죠.

비밀지역은 자신이 부끄럽다고 생각해서 또는 밝히면 창피를 당할까봐서 타인에게 알리지 않는 경우가 많습니다. 이것도 사람들과의 관계에서 심각한 문제를 야기합니다. 대개가 혼자서 끙끙 앓게 되는 데요, 혼자서 끙끙거리니까 상대방은 그 이유를 알 수가 없고 알 수가 없으니 이해를 할 수가 없고 이해를 할 수가 없으니 오해가 생길 여지가 많게 됩니다. 이러한 부분 중에 상대방에게 오해를 불러일으킬 여지가 많은 부분은 상대방에게 터놓고 이야기해서 털어버려야 합니다. 그러면 보다 깊은 믿음을 이끌어 낼 수 있습니다.

의도적인 비밀지역은 자신이 처한 상황에 따라서 유지할

필요가 있는 부분이기도 하지만 보다 많은 소통을 필요로 하는 현대 사회에서는 이를 어떻게 유지 관리할 것이냐를 잘 생각해야 할 것입니다. 내가 말하고 싶지 않은 '나'의 부분과 소통의 관계를 잘 따져서 비밀과 소통의 어느 쪽에 더 무게 중심을 둘 것인가를 결정해야 하겠습니다.

공유지역은 나의 사고방식이나 행동유형에 대해서 내가 알고 있는 부분을 상대방도 알고 있는 부분을 말합니다. 이를테면 상대방이 '너는 너무 직선적으로 표현해'라고 말했을 때 '아, 맞아. 나도 그 점을 인식하고 이를 개선하려고 노력하는데 때로는 잘 안 되네.'라고 내가 그러한 평가를 인정한다면 이는 공유지역이 됩니다.

자신에 대해서 잘 모르는 부분에 대해 상대방으로부터 피드백을 구하고 자신에 대해 상대방에게 알려야 할 부분은 과감하게 알리는 노력이 현대의 소통 사회에서는 요구됩니다.

다만 유의해야 할 점은 자신에 대해 알리려는 노력이 자기과시나 자기자랑으로 빠질 수가 있다는 것입니다. 이에 대한 적정한 범위를 설정하게 할 수 있는 것이 앞으로 제가 주장하는 진심체계입니다.

라. '알리고-구하기' 피드백이 갖는 힘

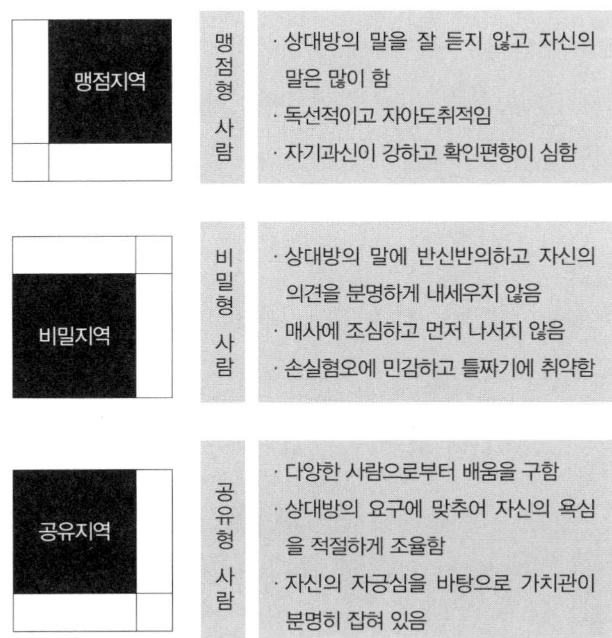

사람 간에 보다 정서적이고 감성적이고 인간적인 관계와 소통을 원하는 현대 사회에서 왜 내가 주도적으로 나에 관해 상대방으로부터 피드백을 구해야 하고 또 왜 내가 주도적으로 상대방에게 나에 관해 알릴 것은 알려야 하는 이유를 위의 도해가 잘 설명해 주고 있습니다.

우리는 여기서 공유형의 사람이 현대의 소통사회에서 요구되는 인간형임을 알 수 있습니다. 내가 내 것은 주지 않으면서 남의 것은 얻으려고 하는 자세는 양방향의 수평적 인간관계의 현대 소통사회에서 당연히 먹히지 않기 때문입니다.

누군가가 나에게 개선을 바라는 피드백을 주었을 때 내가 다음과 같은 반응을 보였다면 이는 내가 맹점형이나 비밀형의 사람임을 자인해야 할 겁니다. 그러나 이를 깨닫고 그 하단의 공유형의 자세로 전환하고자 한다면 이는 매우 큰 수확이 될 겁니다.

맹점형과 비밀형 사람의 수용 태도		
속마음	·공연히 화가 남 ·마음 속에 담아둠 ·수긍도 부인도 안 함 ·마음속 상처가 됨 ·변명과 합리화 ·수긍하나 변화를 거부 ·어정쩡한 자세	드러나는 행동 ·면전에서 역 공격 ·간접적인 앙갚음 ·협력을 기피 또는 해태 ·스트레스로 심기 불안 ·자기중심적 독자적 행동 ·옛날 습관을 답습함 ·주변사람들에게 확인함

공유형 사람의 수용 태도
·나의 변화는 나의 문제니 내가 먼저 기선을 잡아 주도적으로 시도하자. ·내가 나의 인지기제에 속박되면 늘 보이는 것만 보이지 않겠는가? 이를 뛰어넘으면 새로운 기회를 볼 것이다.

· 그는 나에 대해 알고 있는데 내가 나에 대해 모르고 있다면 이는 수치다.
· 나에 대한 변명은 옹졸함을 드러낼 뿐이고 나는 치졸한 사람으로 비칠
  것이다.
· 화를 내면 쫀쫀하게 보인다. 그의 말에 어떤 가치가 있는지 찾아보자.
· 나의 인지기제를 확장하여 구획화된 사고에서 벗어나자. 그리하여 보다
  큰 통찰력으로 세상을 바라보자.

그러나 위와 같은 대응의 순서로 가는 것은 대응의 면에서는 주도적이라고 할 수 있지만 타인으로부터 피드백을 받을 때까지 기다렸다는 사실은 일단은 수동적이라는 평을 면할 수가 없습니다. 그럴 바에는 아예 처음부터 본인이 주도적으로 시작하는 것이죠. 거기에 알리고-구하기 피드백의 매력이 있는 겁니다.

대응 면에서 주도적인 태도는 그 효과가 주로 자신에 국한하는 한계가 있지만 알리고-구하기 피드백을 활용하면 나를 공유형의 사람으로 바꾸는 것 외에 다음과 같이 나 자신을 넘어 집단관계에서도 탁월한 힘을 발휘합니다.

상대방에 대한 영향:

● 무엇보다 상대방이 '나로부터 자신이 존중받는다'는 인식을 갖게 한다.

● 아울러 상대방에게 '내가 자신을 신뢰하고 있구나' 하는 인식을 또한 갖게 한다.

● 나와 가까이 지내지 않던 사람도 내가 다가감으로써 친밀한 관계로 발전시킬 수 있다.

● 내가 바뀌어가는 과정을 보임으로써 상대방에게도 긍정의 변화를 일으킬 수 있다.

나에 대한 영향:

● 나는 각오가 되어 있으니 상대방으로부터 그 어떤 비평을 들어도 침착할 수 있다.

● 나에게 겸손한 마음을 갖게 하고 자만심을 버리게 한다.

● '묻는 자'의 입장에서 나를 낮춰 상대방의 마음에 호소하는 힘이 있다.

● 나는 자기중심적 입장에서 벗어나 타인과의 상관관계를 심사숙고하는 습관을 키운다.

● 타인관계에 대한 고려는 나에게 공감과 배려의 정신을 함양시킨다.

● 궁극적으로 진심, 공감, 배려가 아우르는 대화와 행동으로 신뢰받는 리더로, 동료로, 직원으로 인정받을 수 있다.

집단에 대한 영향:

● 집단지성의 시대에 필수적으로 요구되는 구성원 간에 협력을 긴밀하게 할 수 있다.

● 개인적 니즈가 융합해서 집단의 보다 큰 발전을 이루어 내는 통섭의 시대에 있어서 필히 요구되는 소통의 도구다.

● 조직에 영감-창조적 자극-을 불러일으킬 수 있는 수평적 인간애의 형성을 촉진한다.

● 집단 대 집단의 관계에서 통섭의 큰 장애 요소인 칸막이식 사고와 편가르기 행동을 없앨 수 있다.

사례 1: DELL의 성공
(CEO-Michael Dell/President-Kevin Rollins)

(35)

케빈:

· 지나치게 비판적이고 완고 → 상대방의 말을 경청하지 않음.

· 타인의 제안에 자신의 제안을 덧붙이는 적이 없음 → 끝까지 자신의 제안만을 거론

· 따라서, 조직에 영감–창조적 자극–을 불러일으키는 데 장애요인으로 작용

델:

· 심하게 분석적인 태도 ➞ 사람들로 하여금 소원한 느낌을 갖게 함.
· 좋은 실적에 대해 난지 삼깐 언급 ➞ 진지한 축하가 없음.
· 따라서, 사람 간의 관계를 단지 거래적인 관계로만 보는 사람 또는 직원들은 실적을 만들어 내는 도구로만 인식하는 사람으로 비쳐짐.

케빈과 델:

· 두 사람 간의 관계는 상호 긴장상태로 중역들에게 걱정을 안겨줌.

해결책:

· 서로 피드백을 받아 자신들의 행동을 개선하기로 다짐 ➞ 투명한 유리로 된 칸막이를 사이에 둔 방을 각자 사용
· 델이 케빈에게 미소짓는 장난감 블도저를 주고 델이 너무 밀어붙인다 싶으면 케빈이 그 인형을 창가에 올려 놓을 것을 부탁
· 케빈은 'curious George'라는 수호신 상을 자신의 책상 위에 올려놓고 매일 봄 ➞ 직원들에게 보다 많은 관심을 갖고 개방적인 태도를 생각하고 행동하게 함
· 델과 케빈을 포함한 모든 임원들이 정기적으로 '자기주도' 피드백을 활용

위의 예에서 보다시피 타인으로부터 제공되는 피드백만이 나의 오랜 사고습관, 행동습관을 변화시킬 수 있는 유일

한 방편이 됨을 알 수 있습니다. 그것도 내가 스스로 그 피드백을 구할 때만이 더더욱 큰 힘을 발휘함을 생생하게 실감할 수 있으리라 생각합니다.

사례 2: 마가렛 대처 수상의 성공과 실패

(36)

"실제로 10년에 걸친 집권기간이 거의 끝나갈 무렵 대처는 갈수록 오만한 태도를 보였고 좀처럼 다른 사람의 말을 듣고 배우거나 자신의 생각을 바꾸려 하지 않았다. 때문에 대중들로부터 지지를 잃었을 뿐 아니라 더욱 치명적으로는 자신이 소속된 정당 지도부에게까지 신뢰를 얻지 못했다. 추락은 아주 순식간이었다. … 만약 대처가 지지자들의 충고를 받아들여 자신의 감정이나 정치적 계획을 조절해 나갔더라면 그의 당원들마저 외면하는 일은 없었을 것이다."

1980년부터 1990년까지 영국을 통치해온 마가렛 대처 영국 수상은 전세계가 인정하는 성공한 국가지도자라는 사실은 누구도 부인 못 할 겁니다. 1940년대의 윈스턴 처칠 이후 영국병을 앓아 오던 영국을 위기에서 구한 지도자로서 대처 수상의 업적은 길이 빛날 겁니다.

체인징 마인드의 저자 하워드 가드너에 따르면 대처는 뛰어난 토론과 논쟁을 즐겼다고 합니다. 토론과 논쟁을 통해서 영국 하원의원들과 국민의 마음을 움직이게 하였는데 이러한 토론과 논쟁을 가능케 한 것은 정부 각 부처로부터 다양한 자료들을 충분히 검토해 두었다가 논쟁에서 효과적으로 활용하였기 때문입니다.

게다가 국민의 지지와 동조를 얻기 위해 대처는 자신의 메시지를 전달하는 방법을 다양하게 구사하였습니다. 우선은 자신의 논리적 사고와 연구조사 자료들을 잘 연결하여 국민이 이해하기 쉽도록 호소력 있는 메시지로 바꾸어 전달했습니다. 이를테면 복잡하고 미묘한 사안들을 직접적이고 명료하고 간결하게 전달하기 위해 학습하고 학습했고 그렇게 해서 전달된 정책은 국민이 '익숙하고 정상적인 것'으로 받아들일 수 있었습니다.

또 하나는 시각적 요소를 가미하거나 간결하나 호소력 있는 문구를 활용하는 등 다양한 표현방식을 통해 자신의 핵심 메시지를 국민에게 전달했고 노동조합원 등 다른 신념을 가진 사람들과도 직접적인 대화를 통해 그들을 설득하고자 애썼습니다.

이렇게 해서 대다수의 국민과 소속정당의 당원들로부터

지지와 동조를 이끌어 내던 대처가 예문(36)에서 보다시피 집권 말년에는 인지기제의 역기능인 자기과신에 빠져들고 궁극에는 확인편향의 오류에 함몰되고 맙니다.

사례 3: 한국 기업체 간부의 성공과 실패

다음은 한국 내 GE 자회사에서 임원으로 근무했던 김명식(가명) 씨의 성공과 실패 사례를 소개하겠습니다.

성공사례:

김명식에게는 두 개의 보고라인이 있었습니다. 하나는 한국의 사장에게 보고하는 것이고 다른 하나는 싱가포르 아시아 지역 사업본부의 '맥나미'(가명)이라는 직능 소속 임원에게 보고하는 것이었습니다. 김명식으로서는 맥나미라는 직능조직 상사가 그다지 탐탁하게 여겨지지 않았습니다. 그래서 맥나미와는 별로 친밀하게 지내지 못했고 대신 네덜란드인인 사장과는 각별한 관계를 유지하는 데 많은 신경을 써서 사장으로부터는 신임을 받고 있었습니다.

그런데 어느 시점부터 싱가포르에서 들려오는 소문으로부터 뒤통수가 간질간질해오는 느낌을 갖게 되었습니다. 이러한 느낌은 여러 가지 징후로 감지할 수 있는 것이죠. 이를테면 상대방의 말투가 퉁명스럽다든가, 말할 때 얼굴이 표정이 굳어 있다든가 하는 그러한 징후이죠. 이러한 징후로 인해 김명식은 맥나미가 자신에 대해서 무언가 모종의 조치를 취하지 않을까 하는 그러한 느낌을 갖게 되었습니다. 그 모종의 조치는 김명식의 앞날에 한국의 사장만큼이나 직능조직 상사가 영향력이 있었기에 가능한 일이기도 했습니다.

김명식은 갑자기 마음이 다급해졌습니다. 곧 자리를 잃지 않을까 하는 걱정으로 밤잠을 설치곤 했고 스트레스도 점점 심해져 갔습니다. 그렇게 걱정과 스트레스로 일주일 가량을 고생하다가 퍼뜩 하나의 아이디어가 떠올랐습니다.

"정면 돌파하자" 하는 생각이 들었던 거죠. 걱정만 한다고 누가 봐줄 리도 없고 그렇다고 일이 풀릴 리도 만무하니 어떻게 하든 맞닥뜨려 보아야겠다는 생각에 그 아이디어가 떠올랐던 겁니다. 그래서 싱가포르에 있는 맥나미에게 전화를 걸었습니다.

"내가 아무래도 나 자신이 모르는 부족한 부분이 있다고 생각합니다. 내가 당신과 호흡을 잘 맞출 수 있도록 내가 개선할 부분이 무엇인지 가르쳐 주시겠습니까?" 이런 요지의 말을 전화로 했죠. 그런데 그쪽의 반응이 매우 놀라워하는 것 같았다는 겁니다. 왜, 그, 반가워서 놀라워하는 그런 놀라움 말입니다. 그러더니 즉각적으로 "다음 주 xx날에 그리로 갈게." 그러더라는 겁니다.

그래서 맥나미, 한국의 사장, 김명식, 이렇게 셋이서 모여 허심탄회하게 이야기를 나누었습니다. 그때 나온 결론은 (1) 앞으로 김명식은 맥나미에게 자주 커뮤니케이션을 할 것, (2) 김명식은 아시아 지역 임원들과도 주기적으로 정보를 공유할 것, (3) 한국적 정서만을 고집하지 말고 글로벌한 측면에서 정책을 집행할 것의 세 가지였습니다.

그 이후로 김명식은 매주 금요일 맥나미에게 업무보고 형식으로 이메일로 커뮤니케이션을 했고 아시아지역 임원들에게도 자주 한국의 업무 관련 정보를 보내 주었습니다. 또 한국의 특수 정서에 입각한 정책을 펴고자 할 때는 그를 뒷받침하는 충분한 자료와 논리적 귀결로 맥나미를 이해시키려 애썼습니다. 아울러 글로벌 측면에서 한국에 요구하는 정책은 아주 충실하게 집행했습니다.

그랬더니 정말 맥나미와 김명식은 아주 매우 친해지게

되었습니다. 어느 날엔가는 맥나미가 한국에 왔을 때 맥주집에 가서 서로 만취가 되도록 맥주를 마시기도 했습니다. 이렇게 맥주를 마시면서 가까워지다 보니 그간 여러 가지 위험했던 순간에 대해서 김명식은 맥나미로부터 솔직하게 설명을 들을 수가 있었습니다. 심지어는 김명식이 맥나미와의 커뮤니케이션을 소홀히 하는 틈을 이용하여 같이 일하던 한국인 동료가 김명식이 거의 주도하다시피 했던 일까지도 자신이 한 것인 양 맥나미에게 보고한 사실도 드러나게 되었습니다.

김명식으로서는 알리고-구하기 피드백을 통해서 죽을 뻔하다가 살아남은 아주 귀한 경험을 한 것입니다.

실패사례:

김명식이 GE 문화에 익숙해져서 업무처리가 원활하다는 평을 들을 즈음에 재정 부서를 총괄하는 한 미국인 임원 '반다메'(가칭)가 미국에서 전근을 왔습니다. 반다메의 전임자는 캐나다인이었는데 이혼한 자신의 전처에게 위자료를 지급하는 문제와 관련해서 김명식이 변호사를 소개해주고 또 자기 부서 직원과의 갈등으로 리더십의 위기를 맞았을 때 김명식이 중간에서 잘 조정을 해주어 둘 사이의 관계는 아주 좋았다고 합니다.

그런데 어쩐 일인지 반다메와는 사사건건 코드가 맞질 않았습니다. 처음에는 아주 좋은 관계로 출발하였는데 어쩐 일인지 반다메가 김명식의 의견에 자주 이의를 제기하는 겁니다. 무언가가 반다메의 마음에 들지 않는 행동을 김명식이 했음직도 한데 김명식은 이를 전혀 의식하지는 못했지요.

한번은 김명식이 회사 전체의 목표달성을 위한 전략적 프로그램을 기안해서 사장의 승인을 받아 집행을 한 적이 있는데 실적에 관한 측정과 관련하여 제동을 걸곤 해서 김명식의 야심찬 프로그램이 집행되는 데 있어서 많은 걸림돌이 되었습니다. 왜냐하면 실적의 측정을 재정부 쪽에서 검증하기로 되어 있는데 이것저것 트집을 잡아 인정을 해주지 않아서 그 프로그램이 본래의 기대와는 많이 벗어나게 되었습니다. 진행도 느려지고 해서 김명식으로서는 참으로 난감한 경우를 당해야 했습니다.

김명식은 사장의 승인을 받는 데는 성공했지만 그 프로그램의 진행을 위한 반다메의 협조를 받는 데는 실패를 한 겁니다. 절반의 성공인 거죠. 김명식은 반다메를 '아무 것도 모르는 친구가 근거 없이 방해만 하고 있다'고 원성을 높이면서도 '에이, 2년만 참으면 갈 친구니까 조금만 참지' 하며 반다메와의 어떤 대화를 시도하려 하지 않았습니다.

지금 김명식에게 물어 보았습니다. '아니, 맥나미에게나 그 캐나다인에게 한 것처럼 왜 반다메에게 무엇이 필요한지를 물어보지 않았는가요?'라고요. 본인도 왜 그랬는지는 잘 모르겠답니다. 그냥 반다메를 무시하는 태도로 일관하게 되더랍니다. 양 부서 간에 업무관계로 갈등이 생기면 부서 내 직원들이 적당한 선에서 알아서 해결하곤 해서 개인 간의 갈등은 표면으로 부상시키지 않고 그럭저럭 외견상 좋은 관계만을 유지하려 했다고 합니다. 결국 김명식은 지방에 있는 공장관리를 총괄하는 업무를 맡아 지방으로 전근 가는 바람에 더 이상 반다메와 부닥치는 일은 없게 되었습니다만 김명식은 리더십의 평가항목에 있어서 좋지 않은 결과를 얻게 되었습니다.

김명식은 왜 알리고-구하기 피드백을 통해 반다메에게 그 의견을 요청하지 않았을까요? 지난 수년간 업무에 익숙해지면서 좋은 평도 듣고 있었으므로 지나친 자신감이 닻을 내린 거라고 봅니다. 게다가 확인편향도 뿌리를 내리기 시작한 것으로 보입니다. 반다메가 이의를 제기한 측정지수와 관련해서 주의를 기울여 상대방의 피드백을 받아 적

절한 수정만 가했더라도 둘 사이의 관계는 많이 좋아졌을
겁니다. 김명식은 자신의 의견을 지지하는 사람들의 의견
에만 귀를 기울였을 뿐 자신의 의견에 반하는 듣기 싫은 말
을 들으려 하지 않은 겁니다.

2단계:
내 마음속의 인지기제를 고찰한다

가. 나를 평가한다

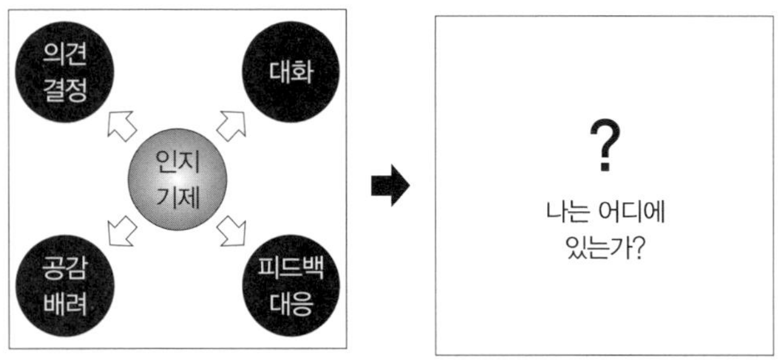

우리의 인지기제는 매우 뿌리가 깊어서 그에 의한 습관을 바꾸는 것은 매우 어려운 일입니다. 그것은 많은 성찰과 실습을 필요로 합니다. 그 뿌리 깊은 인지기제가 지금까지 설명이 되었다시피 우리의 의견결정과정, 다른 사람과의 대화진행, 타인의 개선 권고에 대한 대응 자세, 그리고 타인에 대해 공감하는 마음과 배려하는 행동에 지대한 영향을 미칩니다.

이를테면 과거에 자신의 결정이 몇 번에 걸쳐 옳았다는 생각에 앞으로도 그럴 것이라는 자신감에 빠져 여러 사람의 의견을 참작하지 않고 독단적으로 결정하는 기질, 대화를 하면서 자신의 주장에 반대하는 사람에 대해 "그 사람 글렀다"고 하면서 그 사람의 인격에 대해 나쁘다고 평가 절하하는 부정적인 태도, 그리고 누군가가 자신에 대해 어떤 태도에 관한 개선을 권고했을 때 자신의 자존심과 연계하여 "당신이 잘못 봤어" 하면서 자신을 변호하고자 하는 방어심리 등은 다 인지기제에 의한 직접적인 영향이라고 할 수 있습니다. 공감과 배려는 내가 나의 인지기제를 적극적으로 나의 밖으로 돌리고자 하는 나의 의지이고 행동입니다. 내가 다른 사람들과 공감하지 못하고 다른 사람들을 배려하지 못했다면 나는 인지기제의 역기능의 영향을 받고 있는 중입니다.

공감은 일반적으로 남의 감정, 의견, 주장 따위에 대하여 자기도 그렇게 느끼는 상태나 그렇게 느끼는 기분이라고 정의하고 배려는 도와주거나 보살펴주려고 마음을 쓰는 행위라고 정의할 수 있습니다. 이런 면에서 공감과 배려는 나의 마음을 보다 적극적으로 나의 밖으로 향하게 함으로써 인지기제의 역기능을 해소할 수 있는 기본 힘이 됩니다.

공감과 배려는 우리의 가정 및 사회생활에서 가장 기본적인 가치를 갖고 있습니다. 공감과 배려가 없이는 우리는 가정과 사회생활에서 자기중심적이고 개인주의적이 되어 공동체 생활에서 요구하는 공동선을 위해 협력하는 일을 할 수가 없기 때문입니다.

공동체 생활에서 협력 없는 상황을 상상해 보십시오. 아주 난장판이 될 겁니다.

이 책 부록의 실습(worksheets) : 파트 1에 실려 있는 내용을 보고 나의 의견결정과정, 나의 대화 진행 스타일, 나의 타인의 개선 권고에 대한 대응자세, 나의 공감과 배려의 4개 부문에서 "나는 지금 어디에 있는지"를 스스로 평가해 보기 바랍니다. 각 부문의 각 항목별로 5점을 만점으로 해서 그 중 몇 점에 해당되는가를 평가하되 해당사항이 없으면 0점으로 평가하면 됩니다.

내가 1차로 평가하고 내 주변의 동료나 상사, 부하 직원에게 부탁하여 나에 대해 솔직한 평가를 요청해서 자기평가 결과와 외부평가 결과를 비교한 다음 어느 부분에 개선 노력을 집중할 것인가를 선별하기 바랍니다.

146

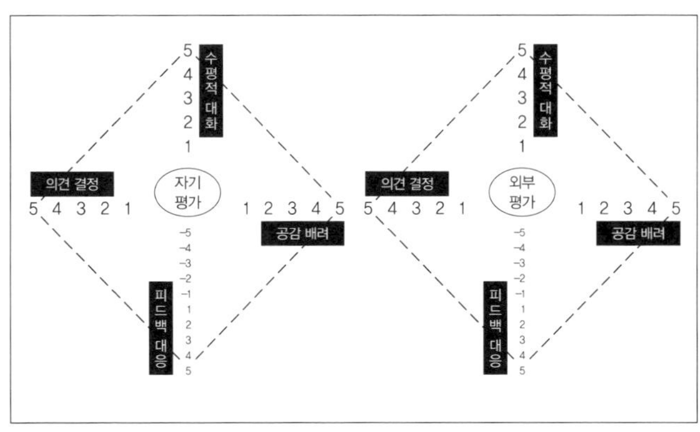

나. 나의 인지기제에 대한 종합적 고찰

이제까지 읽은 내용을 생각하며 자신은 어떤 인지기제로부터 영향을 받았고 또 받고 있는지를 아래의 도표를 이용하여 파악하기 바랍니다. 아래 도표0의 내용은 여러분의 이해를 돕기 위한 하나의 '예'임을 밝힙니다.

[도표0] 내 인지기제에 대한 고찰

(1) 범주–맥락, (2) 연상–유명, (3) 닻내리기, (4) 확인편향, (5) 과도한 자신감,
(6) 손실혐오–현상유지, (7) 틀짜기, (8) 기타 고착사고

내용/결과/원인 내가 경험한 인지기제의 역기능의 내용과 결과를 기술한다	해당 인시 기제	극복 행동 인시기제의 역기능을 극복 하는 실천방안을 만든다
1. 나의 의사결정 자세		
• 신임 상사가 제의한 프로젝트를 기선을 잡기 위해 내가 추진하겠다고 했다	자기 과신	상사의 의도를 명확히 확인하고 중간 중간에 대화를 통해 진척사항에 대해서도 지침을 받아야 한다
• 상사의 의도를 제대로 파악하지 못해 다소 엉뚱한 방향으로 흘러 좋은 평가를 받지 못했다		
• 면접위원의 한 사람으로서 입사지원한 경력사원을 인터뷰했다. 외모가 단정한 데다가 자신의 과거 실적에 대해 매끄럽게 설명을 잘 해서 좋은 인상을 받아 합격점을 주었다.	범주 – 맥락 발견법	과거 업무실적에 대해 그 과정, 목적, 환경, 창출된 가치 등을 세심하게 따지고 물어야 한다 본인의 진실된 가치관이 실제 생활에서 어떻게 구현되었는지도 세세하게 따져야 한다
• 실제 업무를 진행하는 걸 보니 업무능력이 생각했던 것보다 많이 떨어졌고 나중에 본인 스스로 퇴사했다		
2. 나의 대화에 과한 자세		
3. 나의 공감 & 배려에 관한 자세		
4. 나의 피드백 대응에 관한 자세		
5. 나의 삶에 결정적 변화를 준 사건들		
• 새로운 부서에 부임했을 때 부하 직원 중 한 명이 같은 종씨라고 하면서 사적인 자리에서는 형님이라고 할 정도로 유난히 친근하게 굴었다	확인 편향 & 틀짜기	명확한 근거가 없이 공연히 친근한 척하거나 고분고분한 사람에 대해서는 좀더 세심하게 이유를 알아봐야 한다
• 그 직원이 회사자금을 유용했는데 너무 믿은 나머지 그 직원의 일을 철저히 검증하지 못했다.		

3단계:
나의 진심을 체계화한다

―

가. 제갈공명의 담박영정과 진심체계

(37)

제갈공명이 아들에게 남긴 훈계:

"군자의 행실은 고요함으로 몸을 닦고, 검소함으로 덕을 기른다. 담박함이 아니고는 뜻을 밝게 할 수가 없고, 고요함이 아니면 먼 데까지 이르지 못한다."

(夫君子之行, 靜以修身,)

자신을 끊임없이 비우고 헹궈내는 담박(淡泊)과 내면으로 침잠하는 영정(寧靜)의 시간을 절대적으로 가져야 한다. 그래야 제 뜻이 환해질 수 있고(明志) 그제서야 먼 데까지 갈 힘이 생긴다(致遠).

담박영정 淡泊寧靜 → 진심의 체계

명지치원 明志致遠 → 진심의 실천

● 우리 모두는 자신이 보지 못하는 부분을 가지고 있습니다.

● 그러면서도 또한 자신이 보지 못하는 부분을 가지고 있다는 사실조차도 모릅니다.

● 이런 관계로 많은 사람들이 자신의 실체에 대해 잘 모르거나 그 실체를 만들기 위해 거짓말을 하기도 합니다.

● 그러나 우리는 각자의 특징과 개성과 역사의 뿌리를 갖고 있습니다.

● 우리가 자신의 이야기가 가진 진정한 의미를 좀 더 깊숙한 수준에서 이해해야 할 이유가 여기에 있습니다.

그 진정한 뿌리를 찾으려면 제갈공명의 담박영정, 즉 자신의 마음속을 채웠던 '헛것'들을 다 걷어내고 비우고 솎아내는 작업이 필요합니다. 자신의 마음속을 진정한 자신만의 '참것'으로 채워야 합니다.

자신의 능력을 넘어서는 욕망, 자신을 남과 비교함으로써 생길 수밖에 없는 시기, 남이 잘된다고 하여 그것을 따라 하려는 부화뇌동, 눈앞의 이익에 따라 이리저리 말과 행동을 바꾸는 기회주의 처신, 내가 잘났다는 생각에 다른 사람에 대한 무시 등 이러한 것들이 헛것입니다.

자신의 능력에 알맞은 욕심, 자신을 남과 비교하지 않는 자족, 자신이 할 수 있는 일만을 좇아 실행하는 열정, 멀리 보고 크게 생각해서 하나의 목표를 일관하게 추구하는 중후장대, 나의 존재가치와 다른 사람의 존재가치를 아우르는 포용 등 이러한 것들이 참것입니다.

자신의 마음속을 채우고 있던 헛것을 걷어내야 진정한 자신의 속것이 들어갈 수가 있음은 자명합니다. 우리의 마음속은 무한한 크기를 갖고 있지 않기 때문입니다. 우리는 한 순간에 딱 한 가지만 생각할 뿐이지 동시에 여러 것을 생각할 수가 없고 뇌의 용량 자체가 유한하므로 우리의 마음 또한 일정한 크기를 갖고 있기 때문입니다. 따라서 헛것이 들어가 있는 만큼 자신의 참것이 들어갈 자리가 없는 겁니다.

자신의 진정한 속것, 참것이 꽉 들어찬 상태, 이것이 '진심체계'이고 담박영정을 통해야 이루어집니다. 더 이상 헛것이 마음을 가리고 있지 않으니 멀리 볼 수 있는 심안이 생기고 참것이 실하게 꽉 차있으니 흔들리지 않고 오래 갈 수 있는 힘이 생기는 것이죠. 이것이 명지치원의 상태이고 진심체계를 실천할 수 있는 힘의 근원이 됩니다.

나. 진심-신의-공감-배려 체계와 자신-일-가정-사람들 체계의 네트워크

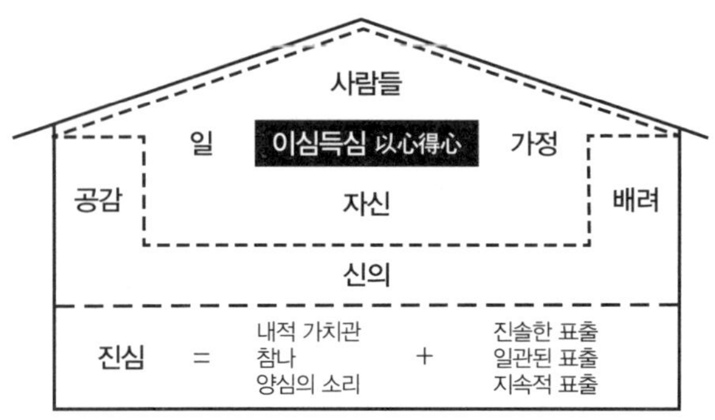

내가 이 세상에서 존재하고 살아가려면 어떠한 다른 존재나 상황이 필요한가?

몇몇 특수한 세상에서 살고 있는 사람들을 제외하고는 대다수의 사람들은 우선 자신의 신체와 정신의 존재, 가정의 존재, 일의 존재, 다른 사람들과의 대인관계 상황을 통해서 그 존재와 삶의 가치를 확인하며 살아간다고 봅니다.

그렇다면 자신, 가정, 일, 사람들이 나의 진심체계가 작용하고 그 영향을 미치는 대상이 됨은 매우 자연스럽습니다. 따라서 이 각각의 대상에 대해 나는 어떠한 행동의 원칙을 갖고 대할 것인가가 기본적으로 정립되어야 합니다.

우선 신의는 그 무엇보다 중요합니다. 나 자신에 대한 신의, 일에 대한 신의, 가정에 대한 신의, 다른 사람들에 대한 신의를 지켜야 각각의 대상들로부터 나라는 존재가 인정을 받을 수 있고 인정을 받아야 나의 존재는 지속할 수 있는 힘을 얻기 때문입니다. 역으로 내가 신의를 저버렸을 때 어떤 일이 벌어질 것인가를 생각해보면 왜 신의가 가장 기본이 되는 덕목이어야 하는가가 확인됩니다.

신의가 이렇게 다른 사람들과의 관계에서 발휘되는 중요한 덕목이지만 나와 관련된 다른 많은 사람들과 함께 살아가야 하는 공동체 사회에서는 신의에 더하여 공감과 배려 또한 빼놓을 수 없는 덕목입니다. 신의가 나무의 뿌리라고 하면 공감과 배려는 그 나무의 줄기와 가지가 됩니다. 뿌리가 땅 속의 물과 영양분을 빨아들여 줄기와 가지에게 주면 줄기와 가지는 부지런히 푸르른 나뭇잎과 아름다운 꽃 그리고 달콤한 과실을 맺듯이 공감과 배려는 여러 가지 다양한 형태로 결실을 안겨줍니다. 충성, 단결, 열정, 신뢰, 존경, 우정, 사랑 등의 형태로 공감과 배려에 대한 과실이 돌아온다는 뜻입니다.

진심은 자신의 거짓 없는 참된 의지라 할 수 있고 신의는 올바른 행위로 상대방에게 믿음을 주는 행위이고 이는 우선 공감하고자 하는 마음으로부터 현실에 작용하는 힘을 얻게 됩니다. 공감이 상대방의 입장을 헤아려서 그와 같은 처지에 서서 그와 같은 감정을 가져보려는 노력이라면 배려는 이와 같은 공감에 의해서 상대방에게 도움이 되는 어떤 구체적인 행위를 하는 것을 의미합니다.

그러니까 거짓 없는 참된 마음으로 올바른 행위를 통해서 상대방에게 믿음을 줌과 동시에 상대방의 입장을 헤아려서 그 사람의 감정을 이해하면서 그에게 어떤 도움이 되는 행위를 올바르게 제공할 때 진심, 신의, 공감, 배려의 이 4개념은 현실적, 구체적인 형상을 띄게 된다고 하겠습니다.

따라서 진심체계란 진심, 신의, 공감, 배려라는 나의 마음 씀씀이와 그에 따른 행동이 나만의 원리에 의거 전체적으로 짜임새 있게 조직되어 나타나게 하는 나의 통일된 인격 표출 방법이라고 정의합니다.

이제, 그 진심을 체계화는 길을 안내하고자 합니다.

시작하기 전에 당부 드리는 말씀은 절대 이 과정을 단 일주일이나 한 달 내에 끝내려 해서는 안 된다는 겁니다. '중후원대'한 자신의 모습을 만드는 일입니다. 다른 일에 바빠 시간을 내기가 쉽지 않다면 쉬엄쉬엄 해도 됩니다. 시간에 쫓기지 말고 한 부분 한 부분 조금씩 채워서 "됐어, 이거다!" 하고 자신이 만족할 때까지 시간의 여유를 갖고 진행하면 됩니다.

다. 진심을 체계화하는 구체적 방법

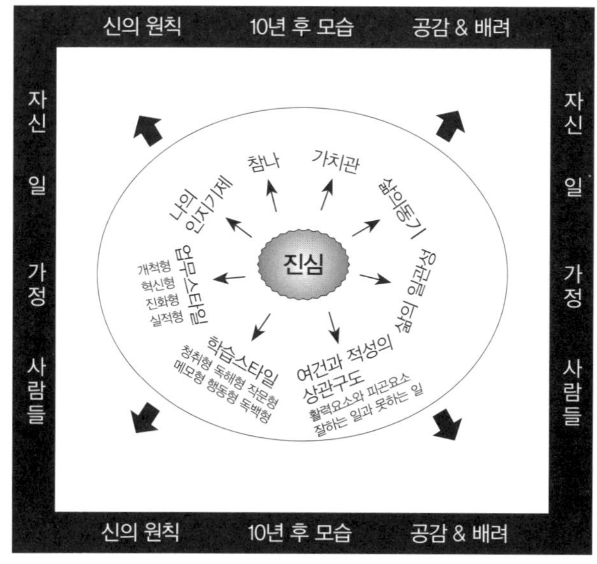

본 방법에 대해서는 본 책의 실습(worksheets)—파트2에서 '실용 도표', '실용 도표를 작성하는 방법', '구체적 사례'를 통해서 상세히 설명되어 있으니 이를 활용해야 합니다.

(1) '구하기' 피드백을 통한 나의 맹점지역 파악

이는 알리고-구하기 피드백 과정의 구하기 순서에 해당되고 도표1의 나에 대한 맹점지역 파악을 시작하는 겁니다. 그 과정은 도표의 안에 자세히 설명해 놓았습니다.

이후로 도표10까지 있는데 각각의 도표에 그 과정을 진행하는 절차와 구체적 사례를 설명해 놓았으니 이를 잘 읽어 나가면 됩니다.

(2) 인지기제 고찰 결과와 성찰을 통한 나의 기본 파악

이는 내가 나 자신의 마음을 관찰하는 과정으로서 도표2와 도표3에서 말하는 과정을 진행하면 됩니다.

여기에는 참나, 나의 가치관, 나의 삶의 동기, 가치관과 삶의 동기의 갈등, 삶의 통합적 일관성에 대한 내용을 담고 있습니다.

(3) 나의 배우고 일하는 방식 파악

이는 (1) 나의 학습 및 업무처리 방식과 (2) 여건-환경과 개인적성의 상관구도를 파악하는 내용으로서 (1)의 경우는 도표4와 도표5에 기술되어 있는 내용을 보고 자신이 어느 스타일에 해당되는지를 파악하고, (2)의 경우는 도표6에서

요구하는 대로 자신의 것을 만들어서 자신이 도표7의 어느 구역에 해당되는 지를 인지한 후에 향후 자신만의 경력을 개발하기 위한 좌표로 삼아야 합니다.

⑷ 나에 대한 총괄 관찰

지금까지의 과정을 종합하여 나 자신을 총괄하여 관찰합니다.

도표0의 나의 인지기제 종합고찰과 도표1에서 도표7까지의 내용을 도표8에 자신의 현 주소를 총합적으로 요약하여 정리하면 됩니다. 다음 단계의 진심체계를 정립하는 과정에서 유용하게 쓰일 수 있습니다.

⑸ 나의 진심체계 예비 정립

이는 진심-신의-배려-공감의 구도와 자신-일-가정-사람들의 구도를 결합하여 자신의 진심체계를 확립하는 과정입니다.

도표8의 내용을 보면서 도표9의 진심체계의 내용을 채우면 됩니다.

진심체계는 나 자신, 일, 가정, 사람들의 각각의 측면에서 나의 신의원칙, 나의 10년 후 모습, 공감&배려의 실천 행동을 정립하는 것입니다.

도표10은 이해와 작성의 편의를 위한 하나의 사례이니 이를 활용하면 매우 유익합니다.

⑹ '알리기' 피드백을 통한 진심체계 확정

알리고-구하기 피드백의 '구하기' 과정에 이은 '알리기' 과정을 진행합니다.

구하기 과정에서 도움을 주었던 사람들에게 정립된 자신의 진심체계를 보여주고 그들로부터 최종적인 의견을 구해야 합니다. 왜냐하면 나의 진심체계가 자칫하면 자아도취 상태에서 만들어질 수가 있기 때문이고 아울러 과거의 실패나 성공요인에 심하게 영향을 받아 이상적인 면만을 추구하여 만들어졌을 가능성이 많기 때문입니다.

⑺ 지속 실천 방법

가) 하기 쉽고 간단하다고 생각되는 한두 가지 행동을 즉시 실행하면서 그 결과에 대해 지속적인 피드백을 받아 상대방으로부터 어느 정도 향상되었다는 평가를 받으면 그 다음에 두세 가지 행동을 추가로 동시에 실행합니다.

나) 아침에 일어나고 잠자기 전에 계속해서 마음속으로

신의원칙을 되뇌거나 거울을 보며 소리 내어 자신에게 대화하듯 말합니다.

다) 조선시대 퇴계 이황과 쌍벽을 이루었던 유학자 남명 조식 선생의 '성성자'나 '경의검'처럼 생각을 일깨우거나 결의를 다지게 하는 소도구를 활용하면 매우 효과가 큽니다.

라) 나 혼자만의 힘으로는 수십 년간의 관습을 깨기 힘듭니다. 신뢰할 수 있는 사람을 멘토로 삼아 그 사람과 함께 정기적으로 '알리고-구하기' 피드백을 활용하면 많은 효과가 있습니다.

마) 변화의 의지를 가진 사람들끼리 하나의 그룹을 지어 정기적으로 서로 만나 진행상황을 점검하면서 상호 '알리고-구하기' 피드백을 활용하는 것도 분명한 효과를 봅니다.

진심체계의
조직 내 활용

진심체계가
조직에서 필요한 이유

가. 그 당위성: 자기조직화

> **(38)**
>
> **동조–흡수의 자기조직화:**
> "하나의 진동자가 다른 진동자를 자극해 역치(최소 한계값)를 넘게 만들면 두 진동자의 동조는 영원히 계속된다는 의미에서 전자가 후자를 흡수했다고 말한다. 흡수가 차례로 계속되어서 진동자들을 한데 묶어 나가면 진동자들의 덩어리가 생겨서 점점 커지고 마침내 하나의 거대한 덩어리로 귀착된다."

예문(38)은 물리현상의 일종입니다. A라는 파동이 B라는 파동을 우연한 기회에 건드려서 자극을 주면 그 자극을 받은 파동 B는 파동A와 같은 파장을 만들게 됩니다. 이렇게 해서 파동A와 파동B는 합쳐져서 보다 큰 진폭을 갖는 파동의 형태를 갖게 됩니다. 전보다 더 큰 힘을 갖게 된 파동A와 B는 다시 다른 파동C를 건드려서 자신의 파장과 같게 만들어 흡수해버리고 이런 식으로 차례로 다른 파동들을 흡수해서 병합해버리는 작용을 물리법칙으로 '동조-흡수의 자기조직화'라고 부릅니다.

이러한 파동의 자기조직화가 두드러진 예로 우리의 두뇌 활동을 들 수가 있습니다. 다음의 예문(39)이 이를 잘 설명해주고 있습니다.

(39)
"소수의 진동자의 우연한 동조가 일어난다. 이러면 일치된 힘의 돌출이 생기고 다른 모든 진동자들에게 더욱 강력한 영향력을 행사한다. 이렇게 해서 다른 진동자들을 끌어들여 스스로의 신호를 증폭시킨다. 우리의 통찰력이란 것도 우리 뇌의 신경세포의 전기 동조의 폭발이 일어나서 뇌의 다른 여러 부분이 화합하는 순간에 일어난다."

우리의 생각도 사실은 뇌 안에 있는 신경세포들이 벌이는 전기활동의 일환이라는 사실은 저의 졸저 '나만의 생각질량으로 승부하라'에서 설명한 바 있습니다. 뇌 세포들이 생산해내는 전기파동의 자기조직화가 우리의 생각활동이라고 할 수 있습니다.

그런데 이러한 전기파동의 자기조직화는 나라는 존재에만 국한해서 일어나는 게 아니더군요. 바로 사람들 사이에서도 일어납니다. 다음의 '전파되는 행복감정'과 '동료효과'의 두 가지 현상이 이를 잘 입증해주고 있습니다.

행복의 감정은 전파된다.

– 하버드대/캘리포니아대 연구진 / 타임: 2008–12–05

· 4700명의 실험 대상자와 이들이 가족, 친구, 이웃, 직장동료를 1983년부터 2003년까지 추적조사
· '가'의 행복
  ▶ '가'의 친구인 '나'의 행복 확률이 25% 상승
  ▶ '나'의 친구인 '다'의 행복 확률이 10% 상승
  ▶ '다'의 친구인 '라'의 행복 확률이 5.6% 상승
· 멀리사는 친구보다 옆집에 사는 이웃에게 전파되는 효과가 더 큼.

동료효과
· 동료의 행동과 사고방식에 영향을 받아 자신의 행동이 바뀌는 경향
· 집단 내에서는 구성원 상호간에 시기, 불안, 열정, 행복 등의 감정이 전이

상기의 물리현상과 심리현상을 종합해보면 우리는 다른 사람들과 서로 영향을 주고받으며 살아가는 것은 틀림이 없어 보입니다. 그런데 아래의 조사결과는 우리를 우울하게 만듭니다.

한국 직장인 중 48%가 업무에 열의가 없음; 완전 몰입은 6%에 불과 (2010 Tower Watson의 조사 결과)

위의 조사결과에 대한 원인으로서는 동료나 상사와의 관계에서 일어나는 갈등이 열정이나 몰입의 심각한 장애요인으로 작용하고 있다는 겁니다. 갈등의 원인으로서는 각각의 사람들이 저만의 인지기제의 영향으로 생각의 문을 닫고 열어주지 않아 소통이 제대로 되지 않는다는 데에 있습니다.

따라서 진심체계의 힘을 다시 떠올려보면 '집단의 진심체계'야 말로 이러한 갈등을 해소할 수 있는 아주 효과적인 방법임이 자명해집니다.

진심-신의-공감-배려는 타인의 마음을 움직입니다. 이는 3장-인지기제의 역기능 극복 편의 '진심의 힘'에서 분명하게 인식한 바 있습니다. 이러한 진심체계는 어느 한 조직의 리더만이 사용해서는 안 됩니다. 이는 우리 모두가 활용하고 습관화해야 할 가치체계입니다. 진심체계는 조직 구성원들을 하나의 중심점으로 모이게 만들고 단합하게 하고 열정과 몰입을 키우기 때문입니다.

진심체계의 자기조직화

1. 업무에 대한 몰입과 추진을 키우는 건 열정이다.
2. 열정을 불러일으키는 건 이성이 아니라 감정이다.
3. 진심-신의-공감-배려의 진심체계는 이심득심(以心得心)의 감정 활동이다.
4. 집단적 이심득심의 활동은 집단 내에서 몰입과 통찰의 자기조직화를 일으킨다.
5. 몰입과 통찰의 자기조직화는 집단의 단합과 추진력을 키운다.

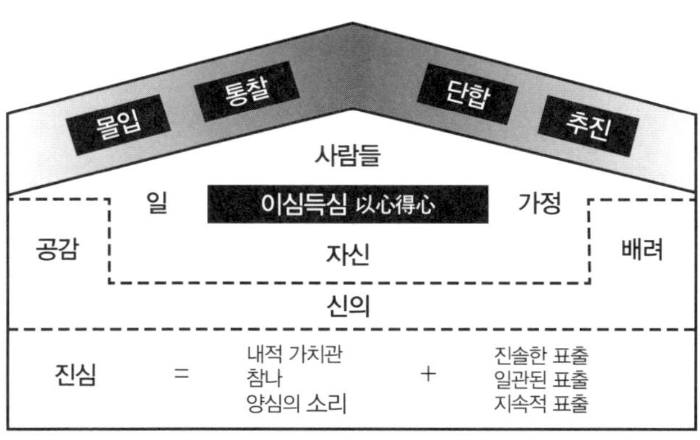

나. 사례 1: 전설적인 풋볼 감독 '보 스켐베클러'

(Bo Schembecheler)

(40)

미시간대 미식축구팀의 전설적인 감독

'보 스켐베클러(Bo Schembechler):

· 처음 감독을 맡은 1969년부터 은퇴한 1989년까지 234승, 승률 85%의 대기록

· 미 중서부대학리그 우승 13회, 미 대학 리그 우승 5회

· 국가대표 33명, 중서부대학리그 대표 126명 배출

그가 사망했을 때:

· 뉴욕타임스 1면에 대서특필

· 미시간 대학 웹사이트가 하루 만에 1년치 접속건수를 초과

· 공식 추도회에 2만 명이 넘는 조문객 참석.

왜? ➞ 신의와 원칙의 지도자, 공감과 배려의 지도자

· "하는 일을 한낱 밥벌이 수단으로 여기면 남들도 내일을 한낱 밥벌이 수단으로밖에 보지 않을 것이다. 내가 진정으로 하고 싶은 일을 찾고 거기에 모든 것을 쏟아 부어야 한다. 내 분야에서 열심히 일하면서 실력을 쌓으면 늘 좋은 기회가 왔다."

· 1982년 A&M대학에서 10년간 225만 달러(현재 보수의 4배)를 제의했으나 이를 거절: "선수들보다 돈이 중요하다면 그건 감독이 선수를 첫째로 생각하고 있지 않다는 뜻이다. 나를 위해 죽어라 뛰어준 코치와 스태프들에 대한 의리가 아니다."

· 명확한 원칙을 세우고 선수들에게 이를 준수하게 함.

팀으로 행동한다, 시간은 반드시 지킨다, 급식 줄에 끼어들지 않는다, 껌이나 담배 등 입안에 있는 것은 모두 다 뱉는다. 모자는 반드시 벗는다. 발바닥은 바닥에 단단히 붙인다, 시선은 정면을 응시한다. 상체는 앞으로 기울여 집중한다.

· 함께 달성할 목표를 세움.

팀 목표를 함께 세운 후 개인 목표를 세우게 함, 아침에 눈뜰 때와 잠자리에 들 때 매일 목표를 되새기게 함, 목표가 정해진 다음에는 혹독한 훈련.

· 선수들과 동고동락 – 공감과 배려

선수들의 이야기를 귀담아듣고 선수 하나하나가 자신이 필요한 존재라는 점을 인식하게 하여 자긍심을 심어줌.

예문 (40)은 소위 미식축구의 전설적인 지도자라 불리는 스켐베클러 감독에 관한 이야기입니다. 정말 그의 탁월한 성적이 '전설적'이라는 수식어가 잘 어울리는 표현이라고 말해주고 있습니다.

우선 그의 신의의 정신이 눈길을 끕니다. A&M대학에서 현재 보수의 4배나 주겠다고 했지만 이를 거절하는 이유에서 바로 그 신의의 정신을 읽을 수가 있습니다. 그는 선수들에 대한 의리, 코치에 대한 의리, 스태프에 대한 의리를 먼저 생각했습니다. 4배의 보수 제의는 그의 신의를 지키는 진심 앞에 아무 가치도 없었습니다.

게다가 그는 선수들과 동고동락하는 공감과 배려의 행동을 실행했습니다. 선수들의 이야기를 귀담아 들으면서 거기에 공감을 나타내고 선수들 각자가 필요로 하는 것을 채워주는 배려를 실천에 옮겼습니다.

사람들과의 관계에 있어서 마땅히 지켜야 할 도리, 즉 신의를 지키고 그 다음 공감과 배려를 실천함으로서 진정한 진심의 힘을 보여 주고 있습니다. 그래서 궁극에는 이심득심의 경지에 이르러 팀을 하나로 결속시켰고 승승장구 승리의 길을 걸어 왔음을 알 수 있습니다.

다. 사례 2: 최대 최고의 리더십 세종대왕

(41)

(41-1)

"허 판서, 다치지 않았나?

계단을 넓혀서 앞으로 이런 일이 재발하지 않도록 하라."

(41-2)

"경은 나랏일에 의심나는 것이 있을 때 귀신같이 그 해법을 제시하는 능력이 있고 인사나 형벌을 의논할 때는 저울대와 같다."

예문 (41-1)은 1425년 정월의 종묘 제사 때, 이조판서로 있던 허조가 술잔을 들고 물러나오다가 그만 헛발을 디디는 바람에 계단 아래로 떨어진 허조를 보고 세종대왕이 한 말입니다. 제사를 주관해야 하는 판서가 실수로 술잔을 갖고 굴러 떨어졌으니 그 당시의 관습으로는 참으로 큰 죄를 지은 실수를 한 거죠.

모두들 경악을 금치 못하는 상황에서 세종이 급히 허조에게 다가가 한 첫마디가 "다치지 않았나?"였다니 세종의 그 공감하는 마음에 탄성을 발하지 않을 수가 없습니다. 게다가 큰 벌을 받을 수 있는 이러한 상황에서 허조가 황망한 가운데 다시 계단 위로 올라가 세종에게 사죄를 하자 야단을 맞기는커녕 계단을 넓혀 재발을 방지하자는 말을 들으니 허조 판서가 감격을 안 할래야 안 할 수가 있겠습니까?

이를 계기로 세종보다 28세나 나이가 많고 항상 '태종의 사람'으로 자처하던 허조가 세종의 충성스런 신하로 바뀌게 되었다고 합니다.

세종의 공감하고 배려하는 행위는 다음의 예문에서도 여실히 드러납니다.

(41-2)는 1428년 황희가 뇌물 받은 혐의로 다른 신하들로부터 탄핵을 받아 사직상소가 올려졌을 때 세종이 이를 반려하면서 황희에게 한 말입니다. 상대방의 장점에 공감하고 인정해주면서 그 능력을 잘 살리라는 뜻의 말을 하니 황희로서는 참으로 백골난망(백골이 되어도 은덕을 잊지 못함)일 것이라는 생각이 듭니다.

(41-3)은 김종서에게 북방 함경도의 영토 관리책임자요 국방책임자로 임명하면서 한 말이고 (41-4)는 나중에 허조가 사직하고자 하였을 때 이를 반려하면서 한 말입니다.

진심을 갖고 신하들 하나하나의 능력을 인정하고 공감하면서 그에 알맞은 직책을 배려해주는 세종의 공감과 배려 행위는 왜 세종이 대왕의 칭호를 받아야 하는 이유를 여실히 증명해준다 하겠습니다.

이렇게 해서 신하와 임금이 하나가 되는 이심득심의 상태에서 조선을 통치한 세종의 위대한 리더십을 현재에 감지할 수가 있습니다.

라. 사례 3: 사우스웨스트의 탁월한 CEO 허브 켈러허
(Herb Kelleher)

> **(42)**
>
> "고마워요, 허브.
> 우리 모두의 이름을 기억해줘서.
> 우리들의 이야기를 잘 들어줘서.
> 추수감사절에 고객 수하물을 함께 날라줘서.
> CEO이면서 친구가 되어줘서."
>
> "직원이 최우선이다!(People First) 직원부터 잘 대우하라. 그러면 그들이 고객을 잘 응대한다. 고객이 다시 사우스웨스트를 타면 주주들도 행복해진다."

예문(42) 윗쪽의 내용은 사우스웨스트 항공의 전체직원 16,000명이 회사의 사장인 허브 켈러허(Herb Kelleher)에게 보내는 편지를 미국 일간지 USA투데이에 광고형태로 실은 겁니다. 얼마나 사장이 좋으면 전직원의 이름으로 사장에게 쓰는 편지를 신문에 광고까지 낼까요?

회사 이미지를 좋게 하려는 마케팅 전략의 일환으로 의심해 볼 수도 있겠지만 허브 켈러허가 사장으로 재직하고 있는 기간인 1978년에서 2001년까지 사우스웨스트 항공의 사업실적을 보면 그럴 만하다는 생각이 듭니다. 이러한 실적을 이루기까지의 허브 켈러허 사장의 신의, 공감, 배려의 각 측면에서 살펴보겠습니다.

실적:

- 23년간 사장으로 재직
- 직원의 연봉이 업계 평균보다 30% 적었지만 포춘지(Fortune)가 선정하는 '일하고 싶은 직장' 상위 10위 안에 빠짐없이 들어감
- 직원 1명이 수송하는 승객수는 경쟁사의 2배
- 정시운항-고객만족-수하물 배송 분야에서 5년 연속 3관왕 차지
- 노사분규가 없었음

허브 켈러허의 신의 행위:

- '직원이 최우선'이라는 경영철학을 공감과 배려 행위를 통해 몸소 실천

허브 켈러허의 공감과 배려 행위:

- 모든 직원의 이름을 다 기억했음
- '직원부터 잘 대우하라'에서 보듯이 직원들에게 다가가는 기본적인 공감의 마음
- 직접 승객과 대화를 나누며 그들의 불만을 청취
- 직원들과 맥주 한 잔을 마시며 조직 내에 애로사항 청취
- 직원 자신이 중병에 걸리거나 직원의 가족이 숨졌을 경우 특별한 관심을 쏟음
- 작업복을 입고 다른 직원들과 함께 청소를 하기도 함
- 새벽 3시 비행기를 청소하는 직원들을 찾아가 도넛을 돌림
- 추수감사절 가족 휴가를 떠난 직원을 대신해 비행기 수하물을 옮김
- 승진, 결혼, 출산이 있으면 파티를 열어 줌
- 항공업계 최초로 모든 직원에게 회사 주식을 나눠줌
- 실무 담당 직원에게 재량권을 폭넓게 허용함

허브 켈러허의 경영 활동을 보면 정말 진심, 즉 거짓이 없는 참된 마음을 갖고 보여주는 신의, 그리고 공감과 배려의 행위만이 상대방의 진정으로 마음을 움직일 수 있다는 있

다는 생각이 더욱 확고해짐을 알 수 있습니다. 그리고 진심을 바탕으로 한 신의, 공감, 배려는 한배를 탄 운명과도 같음을 더욱 확신하게 됩니다.

이 길이 곧 이심득심의 길이요 그래서 전체를 하나로 단결시켜 열정과 추진의 길로 가는 길임을 확신하게 됩니다.

마. 사례 4: 현지화는 진심을 담는 것이라는 중국의 이랜드 사장 최종양

"현지화란 중국 정부, 중국 소비자가 기대하는 바를 진심을 담아 채워 주는 것"

"'상하이에 있는 500여 글로벌 기업 중 열 손가락 안에 드는 납세 실적'이라며 '중국 정부가 외자기업에 기대하는 것 중 첫 번째가 정직한 납세'라고 말했다.

그는 '납세 실적과 꾸준한 사회 봉사활동이 쌓여 마침내 중국 정부와 끈끈한 관계가 생겼다'며 '최근엔 지방 정부쪽에서 사업 확장에 필요한 대규모 토지를 깜짝 놀랄 만큼 싼 가격으로 임대하는 제안을 먼저 제시하는 일이 잦다'고 말했다."

예문(43)은 이랜드의 중국 법인 대표로 있는 최종양 사장이 인터뷰에서 한 말입니다.

이랜드는 중국에 진출한 지 15년 만인 2010년까지 매장 4,400개에 1조 1649억 원에 해당하는 매출을 올렸고 2011년 말 현재로 매장 5,000개에 매출 1조6천억 원을 예상하고 있습니다.

최종양 사장은 중국인들을 크게 북방계와 남방계로 구분하면서 서로 체형이 다른데다가 좋아하는 옷 스타일도 다르기 때문에 인구 100만 명 이상의 도시에서는 이랜드 직원들이 직접 매달 수백 명의 길가는 사람들의 사진을 찍어 그들의 옷차림새를 분석해서 이를 디자인에 반영한다고 합니다.

정직한 납세는 진심에 의한 신의의 원칙이 없으면 안 됩니다. 그 위에 덧붙여 이랜드는 공감과 배려의 사회활동이라 할 수 있는 사회봉사활동으로 중국 정부의 마음을 샀습니다. 즉 이심득심(以心得心)을 이룬 겁니다.

이랜드가 매달 수백 명의 길가는 사람들의 사진을 찍어 옷차림새를 분석하는 것도 진심으로 그들의 스타일에 공감하고자 하는 마음이 없었더라면 불가능했을 겁니다. 이는 바로 구하기 피드백의 근본 취지와 똑같이 상대방의 입장에서 생각해보려는 마음이 바로 그 기반이 되었다는 뜻입니다.

바. 사례 5: FedEx의 People-Service-Profit라는 신의에 의한 공정철학

직원들이 자기 권리와 목소리를 내는 통로이자 공정이라

는 기업정신을 지키는 수단으로 GFT와 SFA를 활용하고 있다고 FedEx의 더커 대표는 말합니다. 이는 바로 FedEx가 신의의 바탕 위에 서로 공감하고 배려하는 행위를 공정의 잣대로 삼고 있음을 말해주고 있습니다.

게다가 FedEx는 직원들이 나만의 인지기제 속에 갇히는 것을 방지하기 위해 정기적으로 알리고-구하기 피드백을 적극적으로 활용하고 있습니다. 상호간에 알리고-구하기 피드백을 통해서 개인 간의 벽, 부서 간의 벽을 허물게 함으로써 상호 신의라는 기업정신을 회사 내에 뿌리내리게 하고 있습니다. 이러한 상호 신의는 집단적으로 이심득심의 경지에 이르게 하였고 이러한 이심득심은 전 직원들의 단결을 가져오게 했으며 결국엔 1위 업체였던 UPS를 넘어뜨리고 1위 자리를 차지하게 한 원동력이 되었던 것입니다.

진심체계를
조직 안에 정착시키는 길

가. 변자타변變自他變 (나를 바꿔 상대방을 바꾼다)

(45)

· 영국 에섹스주(州), 루스 젠킨스(17) ➞ 10대 초반부터 거식증

· 13세 때 학교 파티 ➞ 남학생들로부터 "야, 뚱뚱보!(Hello fatty!)" 소리를 들음.

· 그 이후 식사 거르기 시작 ➞ 당시 키 160cm, 64kg이었던 체중 ➞ 18개월 만에 31kg

· 피골이 상접해 뼈밖에 안 남았는데도 아무것도 먹지 않으려 함.

· 뱃 속 장기(臟器)들이 기능을 잃을 수 있다는 의사의 경고 ➞ 막무가내 ➞ 생리도 멈춤

· 엄마의 숱한 애원 ➞ 단호하게 거절 ➞ 절박한 심정으로 엄마가 한 가지 제안

· "엄마는 다이어트를 해서 살을 뺄 테니 너는 다시 음식을 먹어 살을 찌우자."

· 고함만 질러대던 딸의 마음이 움직임 ➞ "엄마가 다이어트에

성공하면 나도 음식을 먹겠다."
· 체중이 80kg에 달했던 엄마의 뼈를 깎는 노력 ⟶ 다이어트 식
  단의 음식 이외에는 일절 먹지 않음 ⟶ 수개월 후 19kg 감량
· 자신을 위해 힘겨운 노력을 기울이는 엄마를 본 딸 ⟶ 아침 ·
  점심으로 시리얼을 요구 ⟶ 다른 음식도 먹으면서 차츰차츰
  살이 붙음
· 지난 해 10월 31kg였던 체중이 최근에 40kg
· 딸 ⟶ "엄마의 사랑이 나를 되돌아오게 했다. 앞으로 내 또래
  평균 수준까지 체중을 불려 엄마를 기쁘게 해드리는 건강한 딸
  이 되겠다."

나를 바꾸지 않고 상대방이 바뀌기를 바라는 것은 사막에서 오아시스를 만나는 것만큼이나 어렵습니다. 중국 전국시대의 제자백가 중 노자와 함께 도가의 대표적 사상가로 알려진 장자의 소통 철학도 나를 바꿀 것을 전제로 하고 상대방의 말에 경청할 것을 요구하고 있습니다.

나를 바꾸고 상대방도 바꾸게 할 수 있는 가장 강력한 방법은 바로 집단의 진심체계를 확립하는 것입니다. 그 진심체계를 향해 집단 구성원 각자의 힘이 모두 모여 집단으로서 하나의 통일된 힘을 발휘할 수 있는 체제를 만들어야 합니다.

그 방법이 다음 장에서 소개됩니다.

나. 집단 신의수준 평가표가 갖는 의미

다음의 집단신의수준평가표는 개인과 조직 간의 모범적인 신의행동을 담고 있습니다.

수신편은 나 자신 또는 내 조직이 지켜야 하는 신의행동을 담고 있고 제인편은 타인과 타 조직에 대한 공감-배려 측면에서의 신의행동을 담고 있습니다. 이에 대한 활용법은 다음 장의 집단내부의 진심체계를 정립하는 길에서 소개가 됩니다.

집단의 신의수준 평가표 – 수신(修身)편

업무처리 – 우리는 주어진 일을 제대로 처리하고 있는가? · · · · · · · · · ·(　　)
일을 잘 처리하여 타인에게 믿음을 주고 있는지 아니면 실수를 거듭하여 믿음을 잃고 있는지 여부

도전정신 – 우리는 과감하고 혁신적인 목표를 추구하는가? · · · · · · · ·(　　)
보다 나은 일을 위해 위험감수도 마다하지 않는지 아니면 책임에 대한 두려움으로 현상유지에만 신경 쓰는지 여부

언행일치 – 우리는 말한 대로 행동을 하는가? · · · · · · · · · · · ·(　　)
인사치레의 말을 자주 하는지 아니면 말을 신중히 가려서 하는지 그리고 일단 말을 하면 말한 대로 실행을 하는지 여부

책임의식 – 우리는 자신이 한 일의 결과에 대해 책임을 지는가? · · · · ·(　　)
일의 결과가 나빠도 남에게 미루거나 상황 탓을 하지 않고 당당하게 자기 책임을 인정하는지 여부

의사결정 – 우리는 민주적 의사결정 방식을 따르고 있는가? · · · · · · · · ·(   )

의사결정을 주로 자신만의 판단에 의해 내리는지 아니면 관련된 사람들의 의견을
종합적으로 참작하여 내리는지 여부

자기 정직 – 우리는 거짓 없이 정직하게 행동하는가? · · · · · · · · · · ·(   )

남에게 자신의 진실된 모습을 보이는지 아니면 자신에 대해서 거짓말을 하거나 과
장하는지 여부

행동일관 – 우리는 기회주의적으로 행동하지 않는가? · · · · · · · · · ·(   )

상황이 불리해도 피하지 않고 늘 하던 행동을 꾸준하게 일관하는지 아니면 달면
삼키고 쓰면 뱉는 자세를 보이는지 여부

(1: 아주 못한다, 2: 못한다, 3: 보통이다, 4: 잘한다, 5: 매우 잘한다)

집단의 신의수준 평가표 – 제인(齊人)편

개선권고 – 우리는 개선권고를 상호간에 자유롭게 주고받는가? · · · · ·(   )

각자의 사고와 행동 스타일에 대한 개선점을 서로 자유롭게 그리고 진지하게 주고
받아 서로 변화의 의지를 보이는지 아니면 자존심에 의한 방어적인 자세로 인하여
개선점에 대해 거론을 할 수 없는지 여부

타인존중 – 우리는 남을 존중하면서 스스로는 겸손하게 행동하는가? · · ·(   )

자신을 낮추고 진실한 마음으로 남을 존중하는 언행을 하는지 아니면 자기과신으
로 자만 또는 과시하거나 남을 비방하는지 여부

공동가치 – 우리는 공동가치의 구현을 위해 노력하는가? · · · · · · · · ·(   )

집단에서 선정한 공동가치의 중요성을 깨닫고 이를 현실에서 구현하고 있는지 아
니면 자신의 업무에만 신경을 쓰고 자신의 실적 달성에만 집중하는지 여부

공정대화 – 우리는 공정하게 대화하는가? · · · · · · · · · · · · · · ·(   )

남의 말을 끝까지 들을 건 들으면서 자신의 주장을 온건한 어투로 차분히 정서적
으로 설득력 있게 전달하는지 아니면 남의 말은 잘 듣지 않고 강한 어조나 높은 언
성으로 자기주장을 계속 밀어붙이는지 여부

4. 진심체계의 조직 내 활용 **183**

다. 집단내부의 진심체계를 정립하는 길

(1) 우선 집단의 각 개인은 상기의 '집단의 신의수준 평가표'를 숙지해야 합니다. 이는 집단이 갖는 신의 수준에 관한 모범 내용을 담고 있기 때문입니다. 수신편과 제인편의 14가지 행동모범을 다 숙지합니다.

(2) 각 개인은 신의수준 관찰표에 의거 소속 집단의 집단 신의수준을 평가합니다.

(3) 14개의 항목별로 소속집단의 신의수준 평균값을 구합니다.

(4) 평가결과에 따라 강점은 살리고 취약점은 보강하는 새로운 집단신의규범 또는 집단진심규범을 만듭니다. 이 경우 상기 신의수준 관찰표를 그대로 활용해도 좋고 집단 자체의 특성을 살린 새로운 진심규범을 만드는 것도 좋습

니다. 이 경우 집단의 전 구성원이 참석하는 워크숍을 통해 만들 수도 있고 또는 태스크 포스를 구성하여 예비 진심규범을 만든 다음에 전 구성원의 의견을 취합하여 만들 수도 있습니다.

(5) 새로운 진심규범에 의거 집단은 그 진심규범을 실천에 옮길 세부 행동계획을 세워야 합니다. 세부 행동계획에는 집단공동목표와 개인행동목표로 나눠집니다. 목표의 우선순위를 결정하는 방법으로는 (8)의 난이도-효과 분석 틀을 활용하면 상당한 효과를 볼 겁니다.

a. 개인행동목표에 있어서는 각 개인이 새로운 진심규범에 의거 자신의 수준을 평가하고 그 결과에 따라 자신이 취약한 부분을 보강하는 세부 행동계획을 세우면 됩니다.

b. 집단공동목표에 있어서는 이 개인별 평가 결과를 무기명으로 취합하여 그 평균값을 구한 다음, 집단의 현재 수준을 구하고 이 현재 수준과 규범 수준과의 차이를 파악해서 그 차이가 큰 부분을 보강하는 세부 행동계획을 세우면 됩니다.

그러나 시간적 여유가 있으면 이와는 별도로 집단 전체 구성원 회의나 워크숍을 통해 집단의 현재 수준을 평가하고 그 수준의 결과에 따라 집단공동목표를 설정한 다음, 이에 대한 세부행동계획을 세우는 것이 질적인 면에서는 더 나을 것으로 보입니다.

(6) 집단의 공통행동목표를 달성하기 위한 세부행동의 책임자에 대해서는 전체회의 시 각 개인에게 적절하게 분할하되 자발적인 참여를 유도합니다. 이 경우 한 사람이 진행하는 과제도 있겠으나 둘 또는 셋이 합심하여 하는 과제도 있을 수 있습니다.

집단공동목표와 개인목표에 대한 예제는 다음 장의 사례1과 사례2에서 설명하였습니다. 이는 실 상황을 고려해서 꼼꼼히 만들었기 때문에 활용하면 가치가 클 것입니다.

(7) 매월 정기적으로 각 행동목표의 진전 상태를 점검하고 부진 항목이 있으면 그 원인을 성찰하여 만회책을 강구합니다.

(8) 여러 가지의 행동목표가 나올 수 있습니다. 다음의 방법으로 행동목표의 우선순위를 결정합니다. 어떤 과학적인 측정단위를 생각하지 말고 그저 직관적 느낌으로 판단하기 바랍니다.

(9) 집단진심규범을 만들 때 기초적인 단계로 다음과 같은 사명선언문을 만들어서 집단의 구성원들이 한시라고 잊지 않고 지내도록 각인시켜야 할 것입니다.

무슨 일부터 먼저 해야 할까?

		1번 항목: 쉽고 효과가 큰 일	1번 항목들을 먼저 실천하고 그 다음 2번 항목들을 실천한다
높음	1 2	2번 항목: 어렵고 효과가 큰 일	3번과 4번 항목들은 개별적 상황을 고려하여 실행 여부를 검토한다.
(효과)	3 4	3번 항목: 쉽고 효과가 작은 일	
낮음	낮음 난이도 높음	4번 항목: 어렵고 효과가 작은 일	

"우리는 진심을 담아 상호간에 신의를 지키며 이를 위해서 상호간에 진실한 마음으로 공감하고 진실한 행동으로 배려한다. 우리는 공감과 배려를 현실에 구현하기 위한 방법으로 '알리고-구하기 피드백'을 주도적으로 활용한다."

사례 1: 집단-내-공통 관계에서의 공동목표

수신편: 업무처리, 도전정신, 언행일치, 책임의식, 자기정직, 의사결정, 행동일관
제인편: 개선권고, 타인존중, 공동가치, 공정대화, 의사소통, 완벽협력, 갈등해소

	실천목표	세부 실천 행동	담당자	완료일	완수 여부
		· 영업부장이 생산부장과 재정부장을 만나서 영업부 진심규범을 알리고 그들의 필요사항을 정리하여 알려달라고 요청한다.	이동원 리더	07–02	

집단의 공동목표	우리 영업부는 생산부와 재정부의 신뢰를 얻기 위한 방법을 개발한다(업무처리)	· 수시로 발생하는 각 부서간의 문제를 파악하기 위해 각 부서를 연결하는 전담 '연락책임자'를 순번제에 의거 선정한다.	이동원 리더	07–04	
		· 연락책임자는 주 단위로 해당 부서와 접촉해서 문제점들을 파악하여 주례 회의시에 보고한다.	박인환 이철휘	08–05	
		· 쉬운 문제는 담당자를 선정하여 즉시 처리하게 하고 어렵고 중요한 문제는 팀을 구성하여 처리한다.	이동원 리더	08–15	
		· 각 부서와 신의를 위한 통합 워크숍을 개최하여 부서–대–부서의 신의규범을 만든다.	전 직원	09–01	
	달성 결과에 대한 성찰	부서 대 부서의 신의규범에는 시급하고 중요한 것으로 순차적으로 3개 이내를 선정해서 실행하고 그 결과는 반드시 측정한다.			
	집단 내에 긍정의 분위기를 장려한다(공동가치)	· '긍정의 분위기'가 무엇인가를 정의한다.	김명식	10–01	
		· 긍정의 분위기와 부정의 분위기를 만드는 언행의 목록을 만든다.	이소영	10–08	
		· 각 개인으로부터 의견을 구하여 취합한다.	이소영	10–18	
		· 취합한 내용을 전체회의에서 발표하여 조정할 것은 조정한다.	김명식	10–25	
		· 긍정언행을 많이 하는 모범직원을 매월 투표로 결정하여 '긍정 메이커'라는 인정식을 갖는다. – 단체파티와 연결한다.	김명식 & 이소영	11–25	
		· 분기별로 전체적인 진전상태를 측정하여 보강할 것은 보강한다.			

달성 결과에 대한 성찰	시간이 감에 따라 의례적인 행사로 진행될 가능성이 크다. 분기 별로 긍정이 주제를 선정하여 행사진행에 신선함을 불어넣어 야 할 것이다.

사례 2: 개인-대-개인 관계에서의 개인목표

수신편: 업무처리, 도전정신, 언행일치, 책임의식, 자기정직, 의사결정, 행동일관
제인편: 개선권고, 타인존중, 공동가치, 공정대화, 의사소통, 완벽협력, 갈등해소

	실천목표	세부 실천 행동	도우미	완료일	완수 여부
나 의 개 별 목 표	말과 행동을 진심으로 한 다(언행일치).	· 인사치례로 하는 약속은 절대 금 물이다.	김수일	매일	
		· 아무리 작은 약속이라 해도 일단 약속하면 반드시 실천한다.	이원수 강태웅	매일	
		· 불가항력적으로 약속을 지키지 못했을 경우라도 구차한 변명은 하지 말고 그 잘못에 대해 진심 으로 사과한다.		매일	
		· 나 자신의 입장을 상대방에게 일 방적으로 주입하려 하지 않는다.		매일	
		· 지원팀으로부터 매월 진척상황 에 대해 피드백을 받는다.		09-08	
	달성 결과에 대한 성찰	남들이 가볍게 하는 약속에 대해 보다 너그러이 대할 필요가 있다. 그렇지 않으면 그 사람들에게 긴장감을 유발하고 경직 된 관계로 발전한다.			
	생산부장과 의 해묵은 갈등을 해결 한다(갈등해 소).	· 홍 부장과 내가 갖고 있는 인지 기제의 유형을 파악한다.	홍 부장의 직원들	09-08	
		· 그간의 갈등사례들을 취합하여 그 이면에 숨어 있는 이해관계를 밝히고 거기에 내가 어떤 원인을 제공했는지 파악한다.		09-15	

	·홍 부장과 가까운 이선태 부장으로부터 홍 부장의 성격에 관한 피드백도 받는다	이선태	09-15
	·홍 부장과 만나서 말할 내용을 정리한다: 나의 진심체계, 나의 원인 제공의 인정, 관계 향상을 위한 진심 피력, 개선 행동 목록, 홍 부장과 미팅 일시		09-17
달성 결과에 대한 성찰	생각했던 것보다 그는 매우 섬세하다. 그래서 그런지 상대방의 기분을 상하게 할까봐 분명하게 말을 맺고 끊으려 하지 않는다. 강한 나의 어조, '예스 혹은 노'가 분명한 나의 어휘구사는 그를 불편하게 만들었다. 이에 대한 대책을 강구해야 하겠다.		

사례 3: 진심체계 정착을 위한 기타의 행동목표에 관한 예제들

개인-대-개인 관계에서의 개인목표:

● 말과 행동을 진심으로 한다.

● 몰라서 못 하는 것이 아니라 알고서도 안 하는 것에 대한 원인을 심층 분석한다.

● 다른 동료들에게 자신의 업무의 진척 상황을 소개하고 의견을 요청한다.

● 자신이 생각하고 느끼는 것에 대해 다른 동료에게 말하고 생각의 공유점을 찾는다.

● 업무를 떠나 서로를 인간적으로 보다 깊이 알기 위한

시간을 갖는다.

● 바람직하지 않은 행동을 기분 나쁘지 않게 지적할 수 있는 방법을 고안한다.

● 불안 또는 불쾌한 상태에 있는 동료에게 배려할 수 있는 방안을 강구한다.

● 서로간의 개성을 존중하고 관점의 차이를 인정한다.

● 다른 점에 있어서 공감할 수 있는 부분과 내가 바꿀 수 있는 부분이 무엇인지를 파악한다.

● 상대방을 비난하기보다는 자진하여 문제 해결에 나선다.

● 상대방과 같은 상황에 놓여 있는 나를 상상하고 그 상태의 감정을 갖는 경험을 한다.

● 갈등 상황에 대한 서로의 해석과 판단에 있어 무엇이 다르고 무엇이 같은지 파악한다.

● 나의 고정적인 인지기제와 상대방의 고정적인 인지기제의 유형을 파악한다.

집단-내-공통 관계에서의 공동목표:

● 정기적으로 '수신제인'의 진심규범에 의거 집단의 진심수준을 평가한다.

● 우리 집단을 지배하고 있는 인지기제의 유형에 대해

분석한다.

- 문제를 일으키는 개인에 대해서는 문제 행동을 해결하기 위한 절차를 정한다.
- 직원들 각자가 감정을 허심탄회하게 표현할 수 있는 분위기를 만든다.
- 집단의 긍정적인 분위기를 장려하는 방법을 강구한다.
- 민주적 의사결정에 관한 과정을 정립하여 구성원 모두가 이를 준수토록 한다.
- 집단 내 스트레스 및 긴장을 재미있게 완화할 수 있는 방법을 강구한다.
- 까다로운 문제를 둘러싸고 일어나는 격한 감정을 완화하는 방안을 찾는다.
- 집단 구성원 간에 알리고-구하기 피드백을 원활히 할 수 있는 방안을 강구한다.

집단-대-집단 관계에서의 공동목표:

- 집단 간에 칸막이식 사고를 촉진하는 요인에 대해 분석한다.
- 외부 집단의 신뢰를 얻기 위한 행동지침을 개발하고 이의 실천 결과를 정기적으로 평가한다.

● 다른 집단의 기대와 필요를 파악하여 지원하는 교류
관계 네트워크를 결성한다.

● 전체 조직 내의 문화와 정치적 역학관계에 대해 토의
한다.

● 다른 집단의 소속으로 우리 집단의 목표를 달성하는
데 도움을 줄 수 있는 사람을 파악한다.

● 우리 집단의 성공에 영향을 끼치는 다른 집단과의 관
계를 긴밀히 하는 방법을 강구한다: 상호 신의규범 구축,
정기 커뮤니케이션 미팅, 정기 워크숍, 친선 모임 등.

● 우리 집단 내에서 실행하는 목표가 전체 기업문화 및
전략과 방향이 맞는지 판단한다.

● 관련이 있는 외부 집단의 직원을 우리 집단 내부 회의
에 초대한다.

5

실습(worksheets):
파트 1

나의 의견결정
자세에 대한 평가

—

　1. 상황을 판단할 때 내가 경험했거나 주변에서 보고 들은 극적인 사건의 기억에 영향을 받고 있는지 여부를 파악한다.

　2. 결정과 관련된 어떤 대상(사람, 상품, 조건 등)에 대해 애착을 가진 나머지 그 결정에 대한 효과를 낙관적으로 생각하지 않는다.

　3. 전적으로 어떤 직감이나 직관에 따라 결정을 내리지는 않는다.

　4. 결정을 내리기 전에 그 결정이 실패할 경우에 대비한 대안까지도 고려해 놓고 있다.

　5. 현재의 좋은 선택도 시시각각 변하는 상황에 따라 나쁜 선택이 됨을 늘 자각하고 있다.

　6. 나에게 최초로 제시된 제안이나 숫자가 과거 상황으로

부터의 유추한 것인지 또는 현실적으로 입증이 된 숫자인지를 잘 살핀다.

7. 내가 세운 의견에 스스로 반대 입장에 서서 '안 되는 이유들'을 '오류트리' 형식에 의거 열거할 수 있는 데까지 열거하여 분석하고 검증한다.

8. 내 의견에 유리한 이유나 증거만 찾았는지를 스스로 자문하고 성찰한다.

9. 내 의견에 반대되는 의견에 어떤 타당함이 있는지를 파악하기 위해 그 반대의견을 지지하는 사람들의 그 지지 이유를 파악한다.

10. 자신의 이해관계가 관련된 손익 요소에 치우친 나머지 고려해야 할 다른 요소들을 놓치는 결정이 되지 않도록 한다.

11. 다른 조직이나 부문에서 성공한 사례를 참고하되 현재의 결정 조건에 그대로 적용하지 않는다.

12. 나의 판단이나 결정에 대해 자신만만하게 생각하여 상황을 대충 보는 일이 없도록 한다.

13. 두 개의 현상에서 외형적으로 드러난 어떤 상관관계가 있다고 해서 개별적인 특성까지도 일치한다고 믿지 않는다.

14. 처음 만난 사람의 첫인상이 좋다고 해서 그 사람의 다른 면이 다 좋다고 생각하지 않는다.

15. 나에게 유달리 고분고분하고 친근하게 대하는 사람에 대해서는 그 사람이 제시하는 의견의 이면이 무엇인가를 파악한다.

나의 대화 진행
자세에 대한 평가

1. 나의 핵심가치, 경험, 신념체계, 인지기제가 어떻게 대화의 주제에 영향을 끼치는지 파악한다:

(a) 어떤 내용이 나의 주의를 끌었는가?

(b) 어떤 내용이 중요하다고 초점을 맞추고 있는가?

(c) 어떤 내용을 중요하지 않다고 생각하고 지나쳤는가?

(d) 상대방이 말한 것을 내가 왜 그리고 어떻게 다시 말하였는가?

(e) 나의 무의식적인 사고습관은 무엇인가?

2. 대화의 주제에 관한 배경이나 이유에 대해 상대방에게 충분히 설명한다.

3. 자신이 추론해서 생각해낸 자료를 사실적인 자료인양 증거로 삼아 자기 의견을 정당화 하지 않고 나의 주장을 뒷받침하는 하나 또는 둘의 예를 통해 그 주장에 실효가치를

입증한다.

4. 대화 중 내가 당황스러운 상황에 직면하여 억지 논리로 나 자신을 변호하거나 구실을 만들어 중간에 빠져나오려 하지 않는다.

5. 나의 의견이 받아들여지지 않는다고 해서 자존심과 연계하여 무시당했다고 생각하거나 기분 나빠 하지 않는다.

6. 격한 감정으로 토의가 논쟁으로 바뀌면 심호흡을 통해 마음을 이완시킨 후 주제나 논리의 전체적 관점에서 내가 놓치고 있는 점이 무엇인가를 파악한다.

7. 상대방의 반대논리를 이해하려 하지 않으면서 자기 의견의 정당성을 주장하기 위해 제3자를 끌어들여 지원을 받으려 하지 않는다.

8. 내 의견에 반대하는 사람을 편향된 사고과정을 갖고 있다고 단정 짓고 그를 틀렸다고 생각하거나 악의를 가지고 있다고 생각하지 않는다.

9. 한편으론 상대방의 의견에 일리가 있다고 말하면서 계속 나의 의견을 고집하는 이율배반적 대화를 하지 않는다.

10. 상대방의 말을 대략적으로 듣고 전체 내용을 판단하지 않고 상대방의 말을 하나하나 인내심을 갖고 끝까지 듣는다.

11. 내가 알지 못하는 정보를 상대방이 알고 있을 수 있다고 생각한다.

12. 나의 언행이 내 의도와 다르게 상대방에게 어떤 영향을 미쳤는가를 생각한다.

13. 내가 나름대로 충분한 증거를 제시했다고 해서 반드시 상대방이 나의 관점을 지지한다고 생각하지 않는다.

14. '목소리 큰 사람이 이긴다'라는 믿음 하에 나의 주장을 강력하게 주장하지 않는다.

15. 나의 결론은 불변의 '사실'이 아니라 내 나름대로의 '해석'이라는 점을 늘 인식한다.

16. 상대방의 방어심리를 자극하지 않고 자신의 의견을 피력할 수 있도록 상대방에게 온건한 태도로 질문을 한다.

17. 상대방의 언행에 대한 나 자신의 우려를 상대방에게 설명하여 상대방도 나의 감정 상태를 이해할 수 있도록 한다.

18. 상대방의 관점에 대해서 내가 이해하지 못하는 점을 알려 줄 것을 요청하거나 보다 명확한 이해를 위해 그 사람의 관점에 대해 적절한 질문을 한다.

19. 내가 선택했던 자료와 해석을 포함하여 내가 결론에 이르게 된 과정을 상대방에게 설명하여 상대방도 나의 결론과정을 이해할 수 있도록 한다.

20. 상대방이 표면에 내세우는 의견의 이면에 숨겨진 염려사항과 이해관계를 파악하여 그것이 대화에서 어떤 비중을 차지하고 있는지 파악한다.

피드백(개선권고)에 대한
나의 대응 자세 평가

나는 얼마나 열려 있는가?

+1 다소 진지한 표정으로 말할 게 있으면 말하라고 하고 자신은 아무 표현도 않는다(소극적 인식).

+1 어떤 말도 들을 수 있다는 호방한 자세를 보이면서 마음껏 말하라고 말한다(적극적 인식).

+2 상대방의 말을 중단시키지 않고 끝까지 경청한 후 자신이 타당하다고 생각하는 이유를 나름대로 설명한다(소극적 인정).

+2 문제가 일어난 것에 대해 자신이 어떤 역할을 했는지 구체적으로 묻고 문제 해결에 관한 방법을 묻는다(적극적 인정).

+3 자신이 일으킨 문제가 어떻게 상대방의 감정을 상하게 했는지 파악하고 그에 대응하는 미안함을 표현한다(소

극적 책임).

+3 자신이 일으킨 문제가 일으키는 파장을 분명히 인식하고 그 결과에 대해서 전적인 책임을 진다(적극적 책임).

+4 바뀌어야 한다는 필요성을 절감하고 바꾸겠다는 진정한 의지를 관련된 사람들에게 알린다(소극적 변화).

+4 다른 사람들의 의견을 기본으로 한 변화계획표를 만들어 묵묵히 실행한다(적극적 변화).

+5 위의 계획을 자신이 싫어하거나 만나기 꺼려하는 사람에게까지 확대하여 활용한다(소극적 포용).

+5 자신의 신념체계가 들어간 변화계획을 세워 관련된 사람들의 의견을 참작한 후 행동에 대한 일정표를 만들어 실행하면서 의견을 준 사람들에게 진행상황을 공유한다(적극적 포용).

나는 얼마나 닫혀 있는가?

-1 말하라고 하고서는 듣는 둥 마는 둥 건성으로 듣고는 '알았다' 하고 끝낸다(소극적 무시).

-1 속으론 "뻔하지, 뭐' 하며 무시하려는 마음을 갖고서 듣고는 피드백이 끝난 후 '그런데 그게 그렇게 대단한가?'와 같은 식으로 무시한다(적극적 무시).

-2 상황적으로 그럴 수밖에 없었다는 자신의 입장으로 설명하려 하거나 자신만의 논리에 의한 해석으로 자신의 행동을 합리화한다(소극적 자기변명).

-2 말 중간에 개입하여 자신의 관점을 말하며 '네가 나라면 너도 마찬가지였을 거야' 또는 '네가 실제 경험해보지 못해서 그래'와 같은 식으로 상대방 쪽으로 화살을 돌린다(적극적 자기변명).

-3 상대방의 피드백을 하나의 인신공격으로 간주하고 불쾌하게 생각한다(부정적 감정상태로 이전).

-3 상대방의 말꼬리를 잡고 늘어지거나 나는 옳고 상대방이 틀렸다는 것을 확신시키려 한다(소극적 상대 공격).

-4 화가 난 듯이 굳은 얼굴 표정을 보이거나 초조하거나 불안한 자세를 보인다(부정적 감정상태의 심화, 얕은 스트레스 상태).

-4 전적으로 자기 탓이 아니라면서 상대방에게 언성을 높이면 논쟁한다(적극적 상대 공격).

-5 상대방이 자신의 인격을 훼손했다고 여기면서 나중에 적당한 이유를 찾아 그 사람에 대해 앙갚음을 한다(야비한 상대 공격).

-5 마음에 심한 상처를 입고는 어떤 행동도 하지 않은 채 마음속에 담고 지낸다(깊은 스트레스 상태, 마음의 병).

나의 공감&배려
자세에 대한 평가

—

공감에 관한 자세:

1. 나는 관계하는 사람들에게 통용되는 관습, 전통, 행동 양식 등을 이해하고 있다.

2. 나는 관계하는 사람들 앞에서 내 기분에 들떠 성공담 같은 나에 관한 이야기를 하지 않는다.

3. 나는 상대방이 자신의 장점을 잘 살릴 수 있도록 구체적인 예를 들어서 그 사람의 좋은 점에 대해 격려해준다.

4. 나는 상대방이 자기과시를 위해 누군가를 비방하는 경우 화제 돌리기, 묵시적 거부 등과 같은 간접적인 방법으로 상대방의 잘못을 일깨운다.

5. 나는 상대방이 주장하는 내용이 갖고 있는 현실적인 가치에만 초점을 맞추고 그 사람의 배경에는 전혀 관심을 두지 않는다.

6. 나는 관계하는 사람들의 가치관, 관심사 등을 파악하여 함께 공감할 수 있는 부분을 찾아내어 주요 화제로 삼는다.

7. 나는 종교나 정치 등 상대방과 근원적으로 가치관이 다른 부분에 대해서는 일체의 논쟁을 하지 않는다.

8. 나는 나도 완벽하지 않고 결점이 있다는 점을 알려서 상대방과 친화할 수 있는 기회를 만든다.

9. 나는 누군가가 다수로부터 인정받고 있는 매력에 대해서 그 요인이 무엇인가를 파악하고 나 자신에게 적용할 수 있는가를 분석해본다.

10. 나는 상대방이 생각하는 콤플렉스 요인에 세심한 주의를 기울여 그에 대한 언급을 일체 하지 않는다.

11. 나는 상대방이 무엇을 생각하고 있는지 그리고 그 분위기에 맞춰 무엇을 말할 것인지를 사전에 숙고한다.

12. 나는 다양한 사람들을 만나고 사귀면서 그들과 어울릴 수 있는 마음가짐과 행동이 무엇인지를 파악하여 그에 맞춘다.

13. 나는 나와 생각이 다른 사람의 그 다른 생각을 인정하면서 그 사람의 인격은 인격으로서 존중한다.

14. 나는 나의 성장배경이 적절한 계층의 사람들과 더욱

친밀감을 갖게 할 수 있다면 이를 활용한다.

15. 나는 관계하는 사람들이 갖고 있는 기존의 교류 관계를 파악하고 그것을 존중함과 아울러 거기에 도움을 주는 방안을 생각한다.

배려에 관한 자세:

1. 나는 서로 공동 목표의 완수를 위해 상대방에게 나의 아이디어를 자유롭게 제공한다.

2. 나는 도움을 필요로 하거나 요청하는 사람들에게 내가 힘 닿는 대로 도움을 준다.

3. 나는 내가 누군가로부터 작은 도움이라도 받으면 감사의 말, 작은 선물, 다른 형태의 도움 주기, 식사 모임 등으로 반드시 이에 대한 보답을 한다.

4. 나는 상대방에게 제공하기로 한 약속을 이행할 수 없을 경우에는 반드시 그 이유를 상대방에게 설명하여 이해를 구한다.

5. 나는 상대방이 필요로 하는 정보나 자료가 무엇인가를 파악하여 이를 제공한다.

6. 나는 상대방이 이룬 실적에 대해 진심의 격려를 보내어 보다 더 큰 성취를 이루도록 돕는다.

7. 나는 상대방의 자긍심의 근원을 알고 이를 합리적 근거를 갖고 고취해준다.

8. 나는 상대방의 아이디어에 나의 아이디어를 덧붙여 그 아이디어의 가치를 높인다.

9. 나는 특정한 일로 남과 갈등이 생기면 상대방에게 내가 먼저 해결책을 갖고 상대방에게 다가가 상의한다.

10. 나는 상대방이 우울해 있을 때 그 원인을 찾아 함께 해결하거나 기분전환을 위한 다른 행동을 함께 한다.

11. 나는 때로는 관계하는 사람들의 흥겨운 분위기에 동참하여 스스로 즐거운 행동을 취함으로써 그 분위기를 고조시키려 노력한다.

12. 나는 나와 가치관이 배치되는 사람하고도 다수의 공동선을 위한 일에는 정성을 다하여 보조를 맞춘다.

13. 나는 소속집단 내에서 나의 주장이 채택되지 않고 다른 사람의 주장이 선정이 된 경우라도 이에 대해 반발하지 않고 그 주장의 실행에 전력을 다한다.

14. 나는 관계하는 사람들에게 내 주장만 밀고 나가지는 않지만 너무 분위기에 휩쓸려 그 사람들이 요구하는 관행에 무조건 따르지 않도록 행동한다.

15. 나는 관계를 맺고자 하는 사람들에게 우선 먼저 그들

이 필요로 하는 도움을 제공하고자 하고 반드시 이에 대한 반대급부를 계산하지는 않는다.

실습(worksheets):
파트 2

구하기 피드백을 통한
나의 맹점지역 파악

[도표1] 나의 맹점지역 파악

1. 나의 기본은 무엇인가?	
육성해야 할 장점과 개선해야 할 단점은 무엇입니까? 관련된 사례를 말해주면 더욱 고맙겠습니다.	개선을 위한 구체적인 행동을 아는 대로 추천해주기 바랍니다.

'나의 기본은 무엇인가?'를 정리하기 위해서는 우선 나에 대한 맹점지역을 파악해야 합니다. 따라서 하기와 같이 '알리고—구하기' 피드백 과정의 '구하기' 순서부터 먼저 합니다.

· 동료, 상사, 부하직원, 가족을 포함하여 자신을 잘 안다고 생각되는 사람들을 열거한다.

· 7~10명 정도의 각별한 인상을 주고받았다고 생각되는 사람들을 선별한다.

· 감정적으로 좋지 않은 사이라 해도 그 사람으로 인해서 의미 있는 영향을 받았거나 앞으로 오랫동안 업무관계를 유지해야 할 사이라면 그러한 사람도 포함해야 한다.

· 어떤 위기나 난제를 합심하여 잘 해결했다든가 어떤 프로젝트를 공동으로 수행하여 성공적으로 완수하였다든가 어떤 사람에게 특별한 도움을 주었던 것과 같은 특별한 인상이 남는 사람이면 좋다.

· 이 피드백의 근본 목적을 상대방에게 잘 설명해주어야 한다. 나의 신의원칙을 비롯한 공감과 배려의 진심체계를 만들기 위한 과정임을 설명한다.

· 추후에 피드백의 결과로 만들어진 행동계획과 행동결과를 공유할 것임을 분명히 밝혀야 한다. 피드백에 따른 자신의 행동계획을 피드백을 준 사람들에게 알려주고

그 계획에 대한 적절한 아이디어를 구하고 실제로 그 계획에 따라 행동하는 모습을 보여주어야 한다. 그래야 피드백을 준 사람들로부터 진심됨을 인정받을 수 있고 향후 신의를 확보할 수 있다.

· 부정적인 피드백에 대해 즉각적인 반응은 절대 하지 않는다.

    – 이해가 되지 않거나 기억이 나지 않는 부분은 보다 구체적인 사실을 명시해 줄 것을 요청하되 그 피드백 내용에 대해 자신의 입장을 설명하려 하거나 변명하려 하면 안 된다.

    – 상대방의 피드백 내용이 잘못된 정보에 입각한 것이라 해도 일단은 듣고 기록해 둔다. 나중에 많은 시간이 지난 후 피드백에 대한 행동을 취하면서 그 결과를 공유할 때 별도로 설명하는 것이 좋다.

    – 자신의 행동을 바꾸고자 하는 원대한 목적을 염두에 두면 다소 잘못된 피드백이라 하더라도 이를 무시하는 것이 좋다. 결국엔 자신의 변한 모습에 상대방도 그 인식을 바꿀 것이기 때문이다.

인지기제 고찰 결과와
성찰을 통한 나의 기본 파악

[도표2] 인지기제 고찰 결과와 성찰을 통한 나의 기본 파악

	1. 나의 기본은 무엇인가?
참나	· '이것이 진정 나구나' 하고 언뜻 떠오르는 나의 모습을 생각나는 대로 하나도 빠뜨리지 말고 모두 적는다; 짤막짤막한 문장, 몇 마디 단어 등 어떤 형태의 묘사라도 좋다. · 워크시트 파트 1의 평가 결과와 도표 0(내 인지기제에 대한 고찰)의 내용을 최종점검하여 위의 묘사에서 빠진 것이 있으면 포함한다. 예) 일에 저돌적이다. 이해타산에 밝다. 고분고분한 사람을 잘 믿는다. 사람의 감정을 잘 읽는다. 매사에 꼼꼼하게 잘 따진다. 카리스마가 있다. 대화를 매끄럽게 잘한다. 자기중심적이다. 자신에 대해 무심하여 자신이 한 일에 대해 성찰하지 않는다. 자기주장을 너무 강한 어조로 말해 상대방을 불편하게 만든다 등등.
나의 가치관	내가 그간 지켜왔던 행동의 지침, 불리하고 어려워도 고수했던 원칙 등을 적는다. 예) 불리하거나 유리하거나 언제나 정정당당하게 행동한다. 누군가가 해야 할 일이라면 내가 먼저 하고, 언젠가 해야 할 일이라면 지금 당장 하며, 이왕 해야 할 일이라면 아주 잘한다. 신의는 내가 존재하는 첫 번째 이유다.
삶의 동기	나는 무엇을 위해 살고 있었는지를 생각한다. 돈, 명예, 사회적 지위, 기여, 봉사, 성취 등 정신적 · 물질적 요건들을 다 고려한다.

	예) 앞에 주어진 일을 처리하는 데 열정을 갖고 임했고 큰 성취도 많았다. 사회적 지위를 좇아 회사를 몇 번 옮겼다. 장기적 인생계획도 없이 현재에 주어진 일들에 최선을 다하는 데 주력하였다. 새로운 분야를 개척하여 안정적 체계를 갖추는 일에 열정을 갖고 임했다. 열악한 환경에 있는 사람들을 도울 때면 힘이 솟는다 등.
가치관과 삶의 동기의 갈등	내가 삶의 지침으로 삼았던 가치관과 삶의 동기를 삼았던 요건이 서로 부합하지 않았을 때 어떻게 이를 어떻게 균형을 맞추며 극복했는가를 생각한다. 예) 부장이 부서의 공용활동비를 개인 비용으로 처리하는 것을 묵과했다. 부장과 인간적으로 매우 친해서 상부에 보고하지는 못하고 어느 날 술 좌석에서 나의 괴로운 심경을 말했다. 그 이후로 부장은 공금 유용을 중단했다.
삶의 통합적 일관성	나 자신, 일, 가정, 대인관계의 모든 측면에서 내가 보여준 일관된 모습을 적는다. 일관되지 않은 모습은 무엇이며 왜 그러했는지도 적는다. 예) 사람에 대해 신의를 지켰다; 내가 한 말과 행동에 변명하지 않고 전적인 책임을 졌다; 사회에서는 인심이 후하고 미더운 사람이란 말을 듣고 있으나 가정에서는 자기중심적이란 말을 많이 듣는다. 가족에 대한 정감 어린 표현이 부족하다.

6-3

나의 배우고 일하는
방식 파악

[도표3] 나의 배우고 일하는 방식 파악

	2. 어떻게 일하는 것이 나에게 맞는가?
학습의 방법	아래의 내용을 참고로 하여 내가 상황을 이해하고 대처하는 스타일, 학습하는 스타일을 파악한다.

2. 어떻게 일하는 것이 나에게 맞는가?

아래의 내용을 참고로 하여 내가 상황을 이해하고 대처하는 스타일, 학습하는 스타일을 파악한다.

1. 나는 어떤 식으로 상황을 이해하는가?

독해형	청취형
· 쓰는 것을 통해 정보나 상황의 이해를 잘한다.	· 듣는 것을 통해 정보나 상황의 이해를 잘한다.
· 쓰는 것을 통해 자신의 의견을 잘 표현한다.	· 말하는 것을 통해 자신의 의견을 잘 표현한다.
· 사전에 준비된 원고나 차트를 이용한 발표를 잘한다.	· 즉흥적이고 임기응변적인 발표를 잘한다.
· 청취형이 잘하는 것에 대해 상대적으로 취약하다.	· 독해형이 잘하는 것에 대해 상대적으로 취약하다.

2. 나는 어떤 식으로 학습하는가?

청취형: 세미나, 강연, 리더십 등 특화된 교육 프로그램을 이용한다.

독해형: 인문고전, 능력과 일에 관련된 책 등을 읽는다.

작문형: 흥미를 끄는 책들을 읽고 베껴 쓰는 훈련을 한다.

메모형: 생각나는 대로, 들은 대로 그때그때 즉시 필기한다.

행동형: 몸을 움직여 반복함으로써 배운 것을 익숙하게 한다.

독백형: 자신에게 대화하듯이 말하는 것을 통해 학습한다.

업무 스타일

아래의 내용을 참고로 나 자신에게 맞는 업무처리 방식을 이해하고 그 방식에 맞는 나의 일을 찾는다.

개척형:

아무 것도 정착되지 않은 새로운 상태에서 시작해서 그 상태를 잘 마무리하는 일을 좋아하며 무언가 모험적으로 탐구하는 일을 좋아한다;
이는, 새로운 방향을 정립하고 이를 실행하기 위한 전략적인 아이디어를 내놓으며 또한 팀원으로서 함께 일할 수 있는 사람들을 끌어들이고, 수시로 변하는 상황에 따라 기민하게 대처하는 일을 잘하기 때문이다.

혁신형:

불안정하고 위험스러워 보이는 여러 상황들을 빠른 시일 내에 안정시키는 일을 좋아한다;
이는, 다양한 많은 정보나 자료들을 분석, 종합하고 이를 바탕으로 남보다 앞선 선택을 하며 그 선택에 따른 책임의식을 갖고 신속하게 행동하는 것을 잘하기 때문이다.

진화형:

현재까지 유지되어 온 어떤 조직구조, 체계, 절차, 규정 등을 변화하는 상황에 맞게 점진적으로 바꾸어 현재보다 낫게 변화시키는 일을 좋아한다;
이는, 기존의 구조나 관념의 효과에 대해 의심하고 고정관념을 벗어난 다양한 각도에서 사고하는 것을 잘하고 아울러 개선의 일은 타인과 함께 해야 한다는 인식하에 타인을 배려하여 동기를 부여하는 일을 잘하기 때문이다.

실적형:

현재 진행되는 주변 상황의 진척이나 추세를 관찰하고 그 다음으로 이에 알맞은 어떤 목표를 선정하여 이를 책임 있게 달성하는 일을 좋아한다.
이는, 조직의 구성원으로서 주어진 책임의 범위를 잘 인식하고 보다 큰 실적을 이루기 위해 매진하는 것을 잘하기 때문이다.

[도표4] 여건과 적성의 상관구도

	2. 어떻게 일하는 것이 나에게 맞는가?
나의 활력여건과 환경	나를 힘나게 하거나 신나게 하는 여건과 환경: (아래의 내용은 모두 예입니다. 자신의 것을 만들어야 합니다.) 일에 몰입하는 것, 인문 고전에 관한 책을 읽는 것, 어려운 사람을 돕는 것, 조직에서 사람들과 함께 일하는 것, 신실한 사람들과 대화하는 것, 민주적인 분위기에서 일하는 것 등
나의 피곤여건과 환경	나를 맥빠지게 하거나 짜증나게 하는 여건과 환경: 상사로부터 잔소리 듣는 것, 일방적인 지시를 받는 것, 젊다고 이놈 저놈 소리를 듣는 것, 자기과시가 심한 사람과 이야기하는 것, 작은 일에 미주알고주알 따지고 묻는 것, 허례허식의 행사에 참가하는 것, 빈말 또는 빈약속하는 것, 등뒤에서 욕하는 것 등
내가 잘하는 일	내가 자신 있고 잘한다는 평판을 받고 있는 일들: 책 읽고 요약해서 발표하는 일, 여러 상황을 연결하여 맥락을 발견하는 일, 새로운 시스템을 만들어 변화를 이끄는 일, 사람들을 리더로서 이끄는 일, 말하면 즉시 행동하고 완수하는 일, 논리적 추론을 하는 일, 중장기적인 전략을 짜는 일, 입체적이고 통섭적인 사고를 하는 일, 조직의 목표를 위해 사람들과 협력하는 일 등
내가 못하는 일	내가 자신 없고 잘 못한다는 평판을 받고 있는 일들: 남을 위로하는 일, 성향이 다른 사람들을 편안하게 하는 일, 경제 관련 자료를 세세하게 분석하는 일, 책략을 세워 협상하는 일, 도박성과 투기성을 갖고 있는 일, 자기의 주장을 온건히 하여 남을 설득하는 일 등

2. 어떻게 일하는 것이 나에게 맞는가?

여건–한경과 기인적성의 상관구노

이제까지의 일에 관한 분석과 다음의 상관구도표를 바탕으로 내가 현재 처한 여건–환경 속에서 내가 무슨 일을 해야 하고 어떻게 처신해야 하는지를 숙고하는 자료로 삼기 바랍니다.

나의 활력여건–환경

학습구역:
궁극적으로 성과구역으로 가야 하나 일단은 우호적인 여건을 이용하여 조급함을 버리고 잘하는 일의 범위를 넓히는 계기로 삼을 것

성과구역:
찬란한 성취가 예상되는 구역이니 오로지 일이 창출하는 가치에만 전념하고 다른 부가적인 대우에는 결코 신경 쓰지 말 것

내가 못하는 일

내가 잘하는 일

회피구역:
최대한 빠른 시일 내에 현재의 환경을 벗어나서 '내가 잘하는 일'을 할 수 있는 환경으로 옮길 것

적응구역:
여건과 환경은 변하게 마련이므로 자신을 주변 여건에 맞추는 노력을 하며 인내심을 갖고 조용히 실력을 더욱 키워 때를 기다릴 것

나의 피곤여건–환경

6-4

나에 대한 총괄 관찰

[도표6] 나 자신에 대한 총괄 관찰

	나 자신에 대한 총괄 관찰표
자신	지금까지는 나를 부분적으로 살펴보았다면 이제부터는 나를 총괄하여 보는 차례입니다 도표 1에서 도표 8까지의 모든 내용을 자신, 일, 가정, 사람들(대인관계)에 관련된 각각의 항목으로 분류합니다.
일	(시간적 여유가 없거나 이 단계가 불필요하다고 생각되는 사람은 도표 1에서 8까지의 모든 도표를 한 자리에 모아 놓고 자신에 대한 총괄 관찰을 진행할 수도 있습니다.) 이렇게 함으로써 나 자신(정신 & 신체), 나의 일, 나의 가정, 내가 관계하는 사람들에 있어서 나의 총괄적인 모습을 볼 수가 있기 때문입니다.
가정	여기에는 형용사형, 동사형, 명사형 그 어느 형태를 가리지 말고 현재까지 쓴 표현을 그대로 옮겨 놓기만 하면 됩니다. 생각을 정리하게 하기 위한 과정이므로 아름답게 할 필요가 없이 수학 연습문제 풀듯이 자유롭게 적으면 됩니다.
사람들	이는 그 다음의 본 단계인 나의 신의원칙을 작성하는 데 핵심역할을 하기 때문입니다.

6-5

나의 진심체계 예비 정립

[도표7] 나의 진심체계 예비 정립

	나의 신의원칙	10년 후의 모습	공감 & 배려의 실천행동
자신	도표 9에 열거된 '자신'에 관한 표현들을 보면서 '내가 나의 신체와 정신에 대해 지킬 수 있는 신의원칙은 무엇인가?'를 생각나는 대로 적어 내려갑니다.	내가 신의원칙을 지키면서 살아가면 '10년 후에 나는 어떤 모습이 되어 있을까?'를 그립니다.	나의 신의원칙을 공감 & 배려의 각도에서 현실화할 수 있는 구체적 행동은 무엇인가를 적습니다.
일	무조건 생각나는 대로 적어놓은 다음에 다시 정돈된 표현으로 다듬으면 됩니다.	이는 진정 내가 바라는 나의 미래상으로서 나에게 삶의 근원적인 면에서 삶의 열정을 불어넣어주는 것이어야 합니다.	나 자신에 대해 내가 취하는 행동들은 양심적으로 나 자신에 대해 스스로 공감하고 배려해야 하는 것이라고 생각하면 됩니다.
가정	이러한 과정을 '일', '가정', '사람들' 항목으로 진행합니다.		이러한 과정을 일, 가정, 사람들의 항목으로 진행합니다.

| 사람들 | 이렇게 해서 내가 나 자신에 대해서, 나의 일에 대해서, 나의 가정에 대해서, 나와 관계되는 사람들에 대해서 지키고자 하는 신의원칙이 확립됩니다. | | 이것은 나의 신의원칙을 현실에서 구현시킬 수 있는 행동들을 공감과 배려의 각도에서 정립하는 겁니다. |

아래의 사례는 여러분의 이해를 돕기 위해 몇 가지 핵심 내용을 예로 든 겁니다. 자신의 개성을 담은 자신만의 내용을 만들어야 합니다.

[도표8] 나의 진심체계 사례

나의 진심체계			
	나의 신의원칙	10년 후의 모습	공감 & 배려의 실천행동
자신	· 중후하게 중심을 잡아 멀리 보고 크게 생각하되 정정당당하게 행동한다. · 조용히 실력을 기르되 드러내지 않는다.	건강한 정신과 체력으로 열정과 집념을 갖고 왕성한 회사활동을 하고 있다.	· 신의원칙을 매일 아침 성찰하며 되새기고 각오를 다진다. · 매일 60분 간 유산소 운동과 근력단련 운동을 한다.
일	· 실질을 추구하고 실질을 행한다. · 필요한 일을 선정하여 전심전력을 다한다. · 움직이고 움직이고 또 움직이며 배우고 배우고 또 배운다	내가 선택한 분야에서 내 일과 관계되는 모든 사람들로부터 일류급 전문가로서 인정받고 있다.	· 허세, 과시, 형식을 위한 일체의 일, 행사, 물건을 하지도 않고 사지도 않는다. · 일은 먼저 나서서 하고 맡은 일은 끝까지 책임진다.

			· 마케팅 능력을 제고하기 위해 심리마케팅 석사과정을 공부한다.
가정	· 화목한 가정은 나의 모든 활동의 원천이다.	아이들은 선강한 체력-정신. 편견 없는 친구 관계. 우수한 성적을 유지하고 부부사이는 서로 공감하고 배려하여 부부애가 두텁다. 부모 자식 간에 대화가 풍부하여 아이들이 자력성장을 위한 디딤돌이 되고 있다.	· 일주일에 한 번 가족의 대화모임을 갖는다. · 몇 가지 가정일을 책임 맡아 처리한다. · 분기에 1회 가족여행을 간다.
사람들	· 진심-신의-공감-배려의 원칙으로 사람들을 대한다. · 많이 듣되 할 말은 신중히 가려서 한다. · 말한 것은 반드시 실천한다. · 빛나되 번쩍거리지 않고 매사에 겸손한다. · 같은 것을 구하고 다른 것은 그대로 놔둔다.	진심-신의-공감-배려의 행동으로 내가 아는 모든 사람들로부터 존경 받고 있으며 집단의 리더로도 활동하고 있다.	· 1차로 대화, 공감 & 배려에 관한 10대 행위들을 선별하여 실행한다. · 회의시 남이 말하는 것을 메모를 해가며 듣는다. · 빈말, 빈약속을 하지 않는다. · 결단코 자기자랑을 안 한다. · 오해가 있을 때 '그 사람에게 무슨 일이 있었을까?'를 먼저 생각한다.

참고자료 목록

예문 (1)

블링크 - 말콤 글래드웰

예문 (2)

블링크 - 말콤 글래드웰

예문 (3)

넛지 - 리차드 탈러 / 캐스 선스타인

예문 (4)

충동의 경제학 - 하노 벡

예문 (5)

보이지 않는 고릴라 - 크리스토퍼 차브리스 / 대니얼 사이먼스

예문 (6) & (7)

블랙스완 - 나심 탈레브

예문 (8) & (9)

충동의 경제학 - 하노 벡

예문 (10)

블랙스완 - 나심 탈레브

예문 (11) & (12)

넛지 - 리처드 탈러 / 캐스 선스타인

예문 (13)

블링크 - 말콤 글래드웰

예문 (14)

충동의 경제학 - 하노 벡

예문 (15)

그 개는 무엇을 보았나 - 말콤 글래드웰

예문 (16)

지금, 경계선에서 - 레벡카 코스타

예문 (17)

넛지 - 리처드 탈러

보이지 않는 고릴라 - 크리스토퍼 차브리스 / 대니얼 사이먼스

예문 (18)

보이지 않는 고릴라 - 크리스토퍼 차브리스 / 대니얼 사이먼스

예문 (19)

충동의 경제학 - 하노 벡

예문 (20)

보이지 않는 고릴라 - 크리스토퍼 차브리스 / 대니얼 사이먼스

예문 (21)

충동의 경제학 - 하노 벡

예문 (22)

그 개는 무엇을 보았나

예문 (23)

넛지 - 리처드 탈러 / 캐스 선스타인

예문 (24) & (25)

넛지 - 리차드 탈러 / 캐스 선스타인

예문 (26)

야성적 충동 - 조지 애커로프 / 로버트 쉴러

예문 (27)

확실하지 않은 위험에 직면한 조직적 학습 - HARVARD BUSINESS
  PUBLISHING 한국 파트너 '바이탈 경영 교육원'

예문 (28)

Weekly Biz 2011-04

예문 (29)

블링크 - 말콤 글래드웰

예문 (30)

동아일보 2011-04-20

예문 (31)

동아일보 2011-04-20

예문 (32)

중앙일보 2011-07-06

예문 (33)

중앙일보 2011-06-08

예문 (34)

Weekly Biz 2011-06-17

예문 (35)

HARVARD BUSINESS REVIEW

예문 (36)

체인징 마인드 - 하워드 가드너

예문 (37)

정민의 세설신어 조선일보 2011-03-24

예문 (38) & (38)

동시성의 과학, SYNC - 스티븐 스트로가츠

예문 (40)

Weekly Biz 2011-07-01

예문 (41)

Weekly Biz 2011-05-13

예문 (42)

Weekly Biz 2011-06-24

예문 (43)

조선일보 2011-07-13

예문 (44)

Weekly Biz 2011-04-09

예문 (45)

조선일보 2010-11-10

4.0시대의 조직인간